티베트(西藏) 종교 개설

평잉취앤(彭英全) 주편
김승일(金勝一) 역

도서출판 엠 - 애드

티베트 종교 개설

발행일 | 2012년 9월 25일

저자 | 평잉취앤(彭英全) 주편
역자 | 김승일
발행 | 도서출판 엠-애드
편집 | 편집부

발행인 | 이승한
출판등록 | 제2-2554
주소 | 100-273 서울시 중구 필동3가 21-29
전화 | 02-2278-8064
팩스 | 02-2275-8064
E-mail | madd1@hanmail.net

표지 | 임선실

정가 : 9,000원

ISBN 978-89-6575-028-4 03200

머리말

종교는 인류사회가 일정한 단계로 발전하는 역사적 현상으로, 종교의 발생, 발전, 그리고 소멸되어 없어지는 등의 과정이 있다. 그리고 이러한 신앙과 감정은 서로 적응하는 종교의식과 종교조직이 있으니, 이는 모두 사회의 역사적 산물이다. 종교에 대한 개념이 처음 나타난 것은 생산력의 수준이 아주 낮은 상황 하에서 원시인이 자연현상에 대한 신비감이 반영된 것이다.

계급사회에 진입한 이후 종교는 존재감과 발전을 가장 깊이 얻게 되는 사회의 근원이다. 바로 사람들은 이러한 사회의 맹목적인 자신의 다른 역량의 지배를 받아야 하는 점에서 벗어날 수가 없다. 노동자는 제도의 통제를 받아야 하는 거대한 고난에 대한 두려움과 절망 하에서 또 계급적인 박해를 받아야 하는 상황 하에서 종교를 이용하여 마취되고 통제되는 군중의 중요한 정신적 수단이다. 사회주의 사회 속에서 박해를 가하는 제도와 계급이 소멸됨에 따라 종교가 존재하는 계급적 근원은 이미 근본적으로 소실되고 말았다. 그러나 인간의 의식 발전은 모두가 사회적으로 존재한다는 점에 있고, 더구나 각양각색의 복잡한 원인이 더해짐으로 말미암아 사회에서 오래도록 존재하지 않을 수 없는 것이다. 티베트지역은 자고이래 종교의 성지로써 인정되어 왔다. 먼저 번교(苯教)가 있었고, 이후에는 불교가 들어와 이들 모두가 티베트에 전파되게 되었다.

특히 10세기 이후 티베트의 봉건농노제도는 점차 형성되어 가는 중에 있었는데, 역대 중앙왕조와 티베트 봉건농노 지배계급의 적극적인 지원으로 말미암아 불교는 티베트에서 다시 한 번 흥기하여 크게 발전하였다. 그리하여 사상 영역에서 통치적 지위를 점하는 이데올로기가 되었을 뿐만 아니라 거대한 경제세력과 강대한 정치세력으로 존재하게 되었다.

이는 티베트지역과 티베트족(藏族)의 역사, 문화, 정치, 제도, 경제 생활, 풍속습관 등 각 방면에 대해 모두 커다란 영향을 주었다.

티베트족(藏族)의 철학사상, 역사전설, 문학, 예술, 사회 풍조 등 모두는 종교의식과 밀접한 관계에 있지 않은 것이 없다. 예를 들면, 언어, 문자, 역사 서적, 정치규범, 문학작품, 음악, 무용, 희극, 회화, 조각, 건축 등은 모두 종교적 색채가 농후하지 않은 것이 없다. 종교의식과 종교 활동은 군중의 일상생활에서 중요한 지위를 점하고 있고, 사람들의 의식주, 생로병사, 행동양식등 미치지 않은 곳이 없다. 이러한 것은 종교와 티베트의 사회와 티베트족 민중과 밀접한 관계에 영향을 주었음을 설명해 주는 것이다.

마르크스주의의 입장, 관념, 방법을 통해 종교문제에 대해 과학적 연구를 진행하는 것은 당의 이론 연구에 있어서 중요한 부분이다. 마르크스주의 철학을 이용하여 유심론(유신론을 포함하여)을 비판하는 것은 민중에 대해 유심론과 역사유물론의 과학적 세계관(무신론을 포함해서)에 대한 교육을 진행하는 것이고, 당의 선전 상에서 중요한 임무의 하나이다. 당의 민족정책과 종교정책을 확실하게 정착시키기 위해서는 티베트의 민족문제와 종교문제를 정확히 해결해야 하고, 단결, 부유, 문명의 사회주의에 의한 새로운 티베트를 건설하는 것이 하나의 임무이다. 동시에 티베트 종교의 역사와 현상에 대해 조사 연구를 강화하는 일은 티베트사회의 역사연구, 중국 역사상의 민족관계를 연구하고 장족사상사, 철학사, 문학예술사 등의 연구를 하는 데에 말할 것도 없이 모두가 커다란 도움이 되는 것이다.

이 소책자는 티베트 민족학원 민족이론 교육연구실의 ≪티베트 종교개론≫(강의 원고)를 기초로 하여 이를 수정해 쓴 것으로 독자들이 티베트 종교문제에 대해 흥미를 갖도록 하는데 있고, 독자들로 하여금 티베트 종교 각 파에 대해서 전면적으로 이해할 수 있도록 하는데 최선을 다 했다.

새로 원고를 쓰는 과정에서 중문, 티베트문자로 된 자료를 활용하는 한편, 본 연구원에서 수집한 이에 관련한 조사 자료는 물론 티베트 종교문제를 연구하는 인사들의 많은 학술 업적을 활용하였으며, 특별히 아합장(牙合章), 왕삼(王森), 유승기(柳升棋), 왕요(王堯), 오균(吳均), 정한유(丁漢儒), 당경복(唐景福), 온화(溫華), 손이강(孫爾康) 등이 저술한 전문서적 및 논문과 관련자료의 도움이 특히 많았다. 이 기회를 통해 진심으로 감사의 말씀을 드리는 바이다.

저자 수준의 한계로 인해 이 작은 책자에도 적지 않은 문제점들이 있을 것으로 생각되므로 전문가들 및 독자들께서 여러 의견을 제시해 주길 바라며, 그렇게만 해준다면 더 좋은 방향으로 수정을 가하고자 한다.

목 차

제3장 티베트에서 불교의 재흥과 발전

제4장 티베트불교의 계파

제5장 거루파(格魯派[황교(黃敎)])

제6장 티베트불교의 조직과 제도

제7장 달라이(達賴)와 판첸(班禪)

제8장 티베트불교가 티베트사회에 대한 영향

제1장

티베트의 원시종교
– '번교(苯敎)'

1. 티베트의 원시 "자연종교"

중국은 통일된 다민족 국가이다. 티베트는 중국과 분할 될 수 없는 신령스런 영토의 일부이다. 열심히 일하고 지혜로운 티베트인들은 대대손손 티베트의 고원 위에서 생활해 왔고, 광활하고 비옥한 토지를 개척해 왔다. 여러 형제 민족과 공동으로 조국을 위해 분투하는 과정 속에서 티베트인들은 중대한 공헌을 했으며, 자신들의 유구한 역사를 이어오면서 찬란한 자신들의 문화를 창조하였다.

티베트는 아주 오랜 옛날부터 사람들이 거주해왔다. 1958년부터 티베트 임지(林芝)에서 고대 인류의 두개골이 발견되었다. 그리고 1978년 창도(昌都) 카약촌(卡若村)에서 신석기시대의 유적이 출토된 이래 20년 동안 서쪽의 아리(阿里)지구로부터 시작하여 동쪽의 창도지역에 이르기까지, 북쪽의 나곡(那曲)지구에서 시작하여 남쪽의 달정일(達定日) 및 묵탈(墨脫) 등 지역에서 대량의 구석기시대 유적이 발견되어 석기, 골기, 도기 및 건축유적지 등이 출토되어 티베트고원에는 일찍부터 인류의 활동이 있었음이 충분히 증명되었다.

티베트어로 된 역사문헌 중에는 "미후변인(獼猴變人)"의 전설이 기록되어 있다.(≪西藏王統記≫ ≪賢者喜宴≫ ≪雍仲苯教史≫ 등을 참조) 전설에서는 미후(獼猴)에서 원시인으로 변해 최초로 아롱하곡(雅礱河谷 : 지금의 산남[山南]지구) 일대에서 거주했으며, 이들이 티베트족 선조의 한 갈래라고 했다. 이는 임지(林芝)의 고대 인류 두개골의 발견과 대체로 일치하는 말이기에 믿을 수 있는 설이라고 하겠다.

아롱하곡의 원시인은 새, 짐승들과 무리를 지어 과수나무가 무성한 하곡산림 속에서 살았다. 그들은 나뭇잎을 이용하여 몸을 가렸고, 야생열매, 콩류, 과일 등을 먹었으며, 활, 화살, 창, 도끼, 칼, 갑옷, 창, 석기 등을 만들었으며, 많은 부락을 형성하여 오래도록 원시사회 생활을 하였다.

그러나 이러한 것들을 이용하여 실천적 행동을 함으로써 이들 원시인들은 야생동물과 같은 생활에서 완전히 탈피하여 자연계 상태에 소극적으로 적응해 갔으며, 주변의 많은 자연물을 서서히 의식하게 되면서 인간 경제생활의 이해관계에 동화되어 갔다. 그러나 이를 행하기에는 한계가 있어 오로지 자연에 대해 간구하고 희망하는 차원에서 점점 숭배하는 쪽으로 나아가게 되어 서서히 원시적 "자연종교"를 탄생시키기에 이르렀다. 당시 티베트지구에서 유행한 것이 바로 일종의 원시 "자연종교"라고 할 수 있던 "번교(苯教)"였다.

번교는 그러면 언제 어디서부터 시작되었는지 그에 대한 연구는 아직 제대로 된 것이 없다. 일설에는 상우(象雄)지역(지금의 아리 및 그 이서 일부 지역)에서 일찍이 출현했는데, 이것이 아롱지구에 들어왔다고 말하고 있다. 종합해서 말한다면 이는 당시 청장고원(青藏高原)에서 보편적으로 유행하고 있던 일종의 "자연종교"였다는 것이다. 이것과 중앙아시아, 시베리아, 중국 동북 지역 등 지역에 있던 아띠샤머니즘 및 한장(漢藏)지역의 아주 오랜 시대에 유행했던 무속종교와는 매우 비슷한 점이 있다.

"번교"는 만물에 영혼이 있다고 믿는 종교이다. 하늘, 땅, 달, 해, 별, 우뢰, 천둥, 눈, 구름, 산천, 계곡, 돌, 초목, 짐승 내지 일체 만물 등에 영혼이 있다고 믿고, 복을 빌고 재난을 극복하게 해 달라고 빌었던 것이다. ≪신당서≫ 〈토번전(吐番傳)〉에는 다음과 같이 기록되어 있다. "귀신을 중시하였고, 양(羊)을 큰 신으로 섬겼다", 여기서 말하는 "양"이라고 하는 것은 고원에 살던 양의 일종이었다. 이 양은 먹을 수 있고, 가죽은 입을 수 있으며, 털로는 옷을 짤 수 있으며, 또 운송을 하는 데도 이용할 수가 있었고, 목축업을 위주로 하는 사회에서는 많은 점에서 인간생활과 밀접한 관계에 있는 동물이었기에 신령이 있는 동물이라 여겨져 숭배했던 것이었으므로 이는 자연적인 일이었다고 할 수 있다.

번교는 우주를 3층의 경계로 나누었다. 최고층에는 천신(天神)이 거주하는 곳으로 천신의 6형제와 그들 가족이 거주하고 있는데, 최고의 천신은 "사파(斯巴)"이고 그는 창세주이다. 티베트족의 고대 신화 중에서 집파(什巴) 창세에 관한 전설이 있다.

중간층은 사람들이 거주하는 곳이다. 하층은 마귀괴수가 있는 곳으로 흉살(凶煞)이라고 칭했다. 자연재해를 관장하는 귀신을 "염신(念神)"이라 부르는데, 전하는 말에 의하면 청당고납산(青唐古拉山)을 부르는 신으로 즉 하나의 대염신(大念神)이다. 또한 지신(地神) 등이 있다. 그들은 인류와의 관계가 매우 밀접해 사람에게 화와 복, 재난과 길상, 길함과 흉함을 주기에 사람들은 절대로 그들을 건드려서는 안 되었다.

번교는 또한 세계를 많은 관련 있는 바둑판무늬가 조합되어져 성립된 것으로 보았다. 즉 천신, 사람, 마귀는 각각 일정한 바둑판무늬 속에 처해 있다는 것이다. 이러한 일련의 바둑판무늬에 대한 관념은 사실 각 원시부락의 독립 평등 관계가 충실하게 반영된 것이라 할 수 있다.

당연히 천신, 사람, 마귀 사이에는 또한 많은 모순이 존재하고 있다. 이들 모순을 해결하기 위해 일종의 귀신과 통할 수 있는 무당이 나타나기를 요구하게 된 것이다. 이러한 사람을 "본파(本波)"라고 했다. 티베트어로 된 관련 있는 역사자료 중 "본파"에 대해 말해주는 자료는 많이 있다. 천본파(天本波 혹은 신본파[神本波]), 지본파(地本派), 본흠([本欽] 혹은 대본파[大本波]) 등이 그것이다. 최대의 본파는 "현약보(賢若普)"라고 불리었다. 그들은 신과 통할 수 있어 항상 신을 대신해 말하는 자로서 사람들의 얼굴을 하고 나타난다. 동시에 또한 정령 마귀로 하여금 본령(本領)의 역할이 있다.

최초의 본파는 겸직이었으나, 약간의 특권도 없었다. 그러나 후에 사회적 역할이 나누어지게 되고 사유재산제가 출현함에 따라 본파는 비로소 전문적인 직업인이 되었고, 더불어 종교 활동을 통해 서서히 재산을 갖게 되었다. 그리고 부락의 우두머리처럼 통치계층이 되었다. 그들은 또한 부락의 수령과 함께 종교를 주관했고, 종교권력을 최대한 확대해 갔다. 그리하여 티베트의 원시 "자연종교"는 서서히 "사람이 종교화" 되듯이 변해가게 됐던 것이다.

2. '번교'의 정치 참여

≪신당서≫ 〈토번전(吐蕃傳)〉의 기록에 의하면, 티베트는 일찍이 사회상의 높고 낮은 계층이 없었고, 군신 간의 상하 구분도 없었던 전형적인 원시사회였다. 기원전 4세기를 전후해서 아융부락(雅融部落)의 수령 네티첸뽀(聶赤贊普 : 후에 티베트 제1대 첸뽀가 되는 사람. '첸뽀'란 토번왕을 이르는 명칭)가 "육모우부(六牦牛部)" 부락 연맹의 추장이 되었을 때 계급분화가 나타나기 시작했다. 전해오는 소리에 의하면 네티첸뽀는 바로 번교의 교도들에 의해 옹립되었다고 한다. 이는 당시의 번교가 이미 하나의 강대한 사회세력이 되었음을 설명해 준다고 하겠다. 티베트어로 된 역사기록에 의하면 네티첸뽀로부터 라토토리넨첸(拉脫脫日年贊)까지, 거의 27대 동안 모두 번교가 국정을 장악해 왔다고 한다. 이 기간 동안 번교 교도의 권력은 사람들을 놀라게 할 정도로 매우 컸던 것이다. 그들은 "복을 구하는 일을 할 수 있었고, 신에게 기도하여 약을 청할 수도 있었고, 이익과 좋은 일이 많아지도록 할 수 있었고, 사람들의 재물을 흥성케 할 수도 있었다"고 했다. "재난을

불식시키고 병을 물리치며, 나라를 보호하고 그 기초를 정립하게 할 수 있었으며, 모든 잘못된 인연을 끊을 수 있는 일을 할 수 있었다." 또 "선악의 길을 지휘할 수 있었기에 결코 의심받지 않았으며, 신하고 통할 수가 있었다." 또한 "살아 있는 자를 위해 장애를 제거해 줄 수가 있었고, 죽은 자를 편안히 장사지낼 수 있었으며, 어린아이를 위해 귀신을 물리칠 수가 있었고, 하늘의 움직임을 볼 수가 있었고, 땅으로 내려가 마귀를 항복시킬 수가 있었다."(≪서장왕통기(西藏王統記)≫

그들은 인문적 생산, 생활의 지도자와 보호자의 신분으로 대두했을 뿐만 아니라, 어떤 일에도 간섭했고, 사람들의 각 방면의 일을 통제했다. 예를 들면 출생, 혼인, 질병, 장례, 이사, 여행, 수확, 어로와 수렵, 방목 등이었다. 그리고 사회상의 한 정치 역량이 되어 부락 안의 정치 군사 등 대사에 관한 정책을 제정하는데 참여했다. 예를 들면 군대를 보내는 일이나, 회맹을 맺는 일, 부락 수령이 사망했을 때 안장과 능을 건립하는 일, 새로운 수령의 지위 계승 등 모두가 그들을 통해서든지 혹은 그들이 몸소 나와 주관했다.

일찍이 제8대 첸뽀인 디굼첸뽀(止貢贊普) 전에는 부락 내에 "돈나둔(敦那飩)"이라는 직위가 없었다. 일반적으로는 정무를 장악하고 관리하는 것이 번교의 무당으로 인식되었기에 "고본(孤本)"이라고 칭해졌다. 이들은 항상 첸뽀 좌우에서 있었던 신분이 높은 자였다. 그는 비단 통치계급이 힘을 얻는 도구였을 뿐만 아니라, 실제상으로도 통치계급의 중요한 성원으로서 그들은 "천신(天神)"이라는 명의로 칭해졌는데, 첸뽀는 천신의 아들이고 천신의 의탁을 받아 인간을 통치하는 자라 보았던 것이다. 더불어 네티첸뽀에서 사적첸뽀(思赤贊普)까지 가장 초기의 7대 첸뽀를 날조하여 그들이 사망한 후 모두 "공을 세워 하늘로 돌아갔다"고 했다. 옛날의 신화첸뽀(神化贊普)의 권력을 빌려 첸뽀의 최고

통치지위를 유지 보호했던 것이다. 그러나 이들 종교 당권자 또한 대다수가 탐욕스럽고 야심만만한 자들이었다. 그들의 권위와 세력을 확대시키기 위해 종종 첸뽀왕실과 모순을 발생시켰다. 이때 그들은 왕왕 신의 뜻을 빌려 첸뽀 및 왕실을 통제하고 위협하였다. 심지어 모살 수단을 이용하여 첸뽀에게 해를 가하기도 했다. 전하는 바에 의하면 디굼첸뽀는 이러한 모살에 의해서 죽음에 이르렀다고 한다. 그 배경에는 당시 토번(吐蕃) 왕실과 함께 번교 무당 사이에 첨예한 모순과 투쟁이 존재하고 있었던 것이다.

3. '번교' 유파의 변화 및 그 쇠락

선혜법일(善慧法日)은 ≪선설일체종교원류(善說一切宗教原流) 및 교의정경사(教義晶鏡史)≫ 속에서 말하기를 "티베트 지역에서 널리 퍼져 있는 번교는 세 파로 나뉘어져 있었다고 했다. 즉 하나는 독본(篤本), 둘은 흡본(洽本), 셋은 각본(覺本)이다." 이 세 파가 앞뒤로 출현했는데 이는 바로 번교가 티베트에서 변화해 가는 과정을 표명해 주는 것이라고 할 수 있다,

(1) **독본파** : 네티첸뽀 후 6대의 달적첸뽀(達赤贊普) 때 위(衛 : 티베트 이전 나라) 옹설문(翁雪紋) 지방에 여신(汝辛)이라고 불리 우는 사람이 있었는데, 그는 한 번교의 대무사(大巫師)였다. 그는 귀신과 능히 통할 수 있었고, 어떤 지방, 어떤 귀신 성령 정령에 대해서도 잘 알았으며, 더불어서 귀신에게 제사지내고, 양발(禳祓 : 제사의 일종)을 올렸으며, 귀신을 파견(遣送)하고 부리는 법술을 알고 있었다. 그리하여 능히 "위로는 천신(天神)에게 제사지내고, 아래로는 귀신을 진압시킬 수 있었으며, 그리하여 사람과 가정을 중흥시킬 수가 있었다." 고

하였다. 그는 과거 번교의 여러 무술을 종합 귀결시켰고, 각지의 번교도들을 연계시켜 하나의 파별을 형성시켰으니 그것이 바로 독번(篤苯)으로 불리었다. 또한 번교 흑파(黑派) 혹은 인본파(因本派)라고도 칭해졌다. 이후 일단의 시간이 지나면서 이 파는 크게 흥하였다. 그들 가운데 어떤 자는 "돈나둔(敦那鈍)"이라는 직위를 담당하며 정사를 장악하고 관리하는 일에 참여했다.

(2) **흡본파(洽本派)** : 이는 외지의 번파 교도가 창립한 한 파이다. 전해내려 오는 디굼첸뽀(止貢贊普)가 피살된 후 그의 아들 포대공걸(布岱公杰)이 군사를 일으켜 반대파의 반란을 진압하자 독번파는 커다란 위협을 받게 되었다. 그리하여 부득이 외래의 번파교도들의 세력을 불러들여 서로 돕고자 했다. 그리하여 카슈미르(克什米爾), 발율(勃律)과 웅삼지(雄三地) 등 3인의 번교 무사(巫師)를 청해 와 중간에서 번교 교도와 첸뽀 왕실 간의 모순을 조정하도록 했다. 번교가 주관하는 것을 허락한 디굼첸뽀는 장엄한 장례식을 거행했다. 동시에 또한 첸뽀 왕실은 재차 번교를 지지해주었다. 이 세 명의 외래에서 초청해 온 번교 무사들은 한 세트의 번교 교의(教義)를 가지고 왔다. 원래 티베트지역의 번교는 오로지 무술(巫術) 만을 중시했고, 종교 이론의 역사는 없었다. 그래서 포대공걸 시기로부터 토번(吐蕃) 왕조가 건립되기 이전까지를 번교 발전의 제2단계라고 하는 것인데, 이는 바로 흡본파가 활발히 활동하던 시기라는 점을 말해주는 것이다.

(3) **각본파(覺本派)** : 이는 불교가 티베트에 들어온 후에 번교가 불교와 투쟁하는 과정에서 자신의 생존과 발전을 거듭하면서 생겨난 파이다. 소위 각본파라는 의미는 바로 번교의 한 파라는 것을 말하는 것이다. 왜냐하면 불교가 티베트에 지니고 온 대량의 불교경전은, 번교가 지배하던 당시에는 경서가 없었기 때문에 불경의 본 내용을 고쳐서

번교의 전적(典籍)으로 보충토록 해야 했다. 이 하나의 번교 유파는 또한 3단계의 발전시기로 나누어진다.

전기의 각본파는 청군반지달(靑裙班智達)로 불리 우는 사람이 창립하였는데, 그는 "복장(伏藏)" 즉 여러 번역된 경전을 매장하기 시작하였다. 그리하여 거짓으로 이는 고대 번교의 보장(寶藏)으로 칭해지도록 했고, 후에 또한 본인이 이를 파내서 세상에 공개하여 번교의 성망을 높이는데 활용했던 것이다. 중기의 각본파는 갑왜강곡(甲娃强曲)으로부터 일어났다. 그는 본래 일찍이 불법을 배운 사람이었는데 후에 번교로 바꿔서 믿기 시작했다. 그러면서 일부분의 불경을 번교경전으로 고쳤다. 이러한 사정이 발각된 후에 토번 첸뽀 치쏭데첸(赤松德贊)은 명을 내려 이를 엄금시켰다. 그리하여 많은 사람들이 연루되어 피살되기에 이르렀다. 그러나 여전히 번교의 교도들은 그가 번역한 경서를 개인적으로 감추기 시작했다. 즉 복장(伏藏) 되게 된 것이다. 후에 이것이 파헤쳐져서 세상에 알려지게 되었다. 이를 칭해서 ≪본장법(本藏法)≫ 이라고 했다. 후기에 각본파는 낭다마(郎達瑪)의 멸불정책 이후 흥성했다. 당시 어떤 후기 티베트 지방의 사람인 신고로가(辛古魯伽)는 전기 티베트 번교의 성지 달역탁랍(達域卓拉)에서 대량의 불경을 본경(本經)으로 고쳤다. 예를 들면 ≪반야십만송(般若十萬頌)≫을 ≪강근(康勤)≫으로, ≪반야이만오천송(般若二萬五千頌)≫을 ≪강궁(康窮)≫으로, ≪유가사지론(瑜珈師地論)≫의 ≪결택분(決擇分)≫을 ≪본경(本經)≫으로, 5부(部)의 ≪대다라니(大陀羅尼)≫를 ≪백흑용경(白黑龍經)≫ 등으로 고쳤다. 그는 불경을 고쳐서 다른 이름으로 새로 지었고, 많은 번교의 설법을 집어넣었다. 이렇게 융합시킨 것으로서 비교적 완비된 한 질의 번교경전을 만들어놓았던 것이다. 후에 또한 복장을 함으로써 후에 전해지게 하였다. 이 3단계 시기의 각본파는 또한 번교의

“백파(白派)” 혹은 “과본파(果本派)”라고도 칭했다.

불교가 티베트에 들어온 이래 번교는 불교와 장기적인 투쟁을 거쳤고, 투쟁과정에서 번교는 비록 계속해서 투쟁 방책과 수단을 변화시켰지만, 결국 최종적으로는 그 교의가 노예 계급의 필요성에 적합하지 않았기 때문에 점점 통치자로서의 지위를 잃어갔고, 또한 불교의 방대하고 정밀한 유심주의 사상체계에 대적할 수가 없었으므로 티베트의 정치무대에서 퇴출되어 일종의 민간신앙으로 전화되어 감으로서 티베트의 아주 편벽한 시골구석에서나 전해지게 되었다. 1949년 직전까지 티베트 각지에 있던 번교의 크고 작은 사원 30여 개에는 여전히 번교를 신봉하는 몇 만 명의 교도들이 존재하고 있었다.

제2장

불교의 티베트 전래

1. 티베트 불교의 기원

불교는 고대 인도에서 기원하였는데, 기원전 6세기에 북인도의 카필라바스투국(카비라국, 지금의 네팔 경내에 있었음 -역자 주) 수도단나(淨飯王, 중인도 카필라바스투의 왕이며, 석가모니의 아버지 - 역자 주)의 장남 코다마 싯다르타가 창립하였으니 지금으로부터 2500년 이상의 역사를 가지고 있다. 싯다르타는 기원전 565년에 탄생하여 기원전 485년에 입적하였는데, 그는 약 80년간을 활약한 것으로 전해지고 있다. 대체로 공자와 동시대의 사람이었다. 그는 아띠샤카족(釋迦族)이었기에 후에 그의 제자 또한 그를 석가모니라고 존칭하게 되었고, 그 뜻은 "석가족의 성인"이라는 뜻이다.

불교는 고대인도 노예제 사회의 극히 문란한 역사적 조건 하에서 탄생된 종교이다. 당시 인도사회의 생산력은 이미 발전하여 보편적으로 철기를 사용하고 있었고 농업 생산의 평균치는 많이 제고 되어 있었다. 수공업과 상업도 이를 따라 발전하고 있었다. 많은 도시와 촌락들이 생겨났고, 작은 국가들(카비라국도 이들 국가 중 하나인 작은 나라였다)이 흥기했다. 그러나 이들은 항상 서로를 침략했고, 충돌이 발생하고 있었다. 정치상에서 아리아인들이 중앙아시아지역으로부터 인도하류 지역으로 진입해 와 토착민족을 정복하여 야만적인 카스트제도(種姓制度)를 창립하였다. 카스트제도는 사람들을 4개의 계층으로 나누어 놓고 제사문을 읽는 것을 장악한 승려(바라문이라 칭함)를 최고의 사회계층으로 하여, 노예(수드라로 칭함)를 최하의 천민계층으로 했다. 수드라계층 사람들은 아리아인이 아니었기에 극히 잔악한 계급적 압박을 받았고, 민족적 압박을 받았는데, 심지어는 바라문의 뜻에 따라 잔인하게 해를 입기도 했다. 이러한 불평등한 카스트제도는 법률 중에 규정되어져 있었을 뿐만이 아니라 신성한 그러한 규정이 동요되지 않도록 당시의 통치 지위를 점한 바라문교의 교의 속에 정해놓았다. 당시의 계급과 민족의 모순은 카스트제도의 문제 상에 집중적으로 반영되어 있었다. 그리하여 첨예하고 복잡한 투쟁을 하게 되는 분위기를 형성시켰고, 사회의 규분을 가져오게 하였던 것이다. 이로 인해 생산력은 내려갔고, 인민들은 우환 속에서 편안하고 안정된 생활을 할 수가 없게 되어, 고통, 실의, 무 희망, 패배감에 젖어 있게 되었으니 이것이 당시 일반 사회의 정서였던 것이다.

이러한 사회 정서를 작은 나라의 왕자인 싯다르타는 깊이 느끼게 되었고, 이에 대한 고민이 점점 더 깊어 갔다. 그리하여 이러한 문제를 해결해야겠다는 뜻을 품고 왕위 계승을 포기한 채 밖으로 나가 길을 찾아 나섰던 것이다. 처음에 그는 바라문교 중에서 고통을 해제시키는 방법을 찾으려고 생각했었다. 그러나 이는 결국 생각하는 것과 뜻이 맞지 않자 바라문교를 포기하고 산림 속으로 들어가 정좌하며 구도하기 시작했다. 몇 년간의 명상과 깊은 사고를 통해 어느 날 그는 한 필발라수(畢鉢羅樹, 후에는 보리수라 칭해짐. '보리'란 "깨달음"의 뜻임 – 역자 주)나무 아래서 마침내 소위 고난을 해탈하는 도리를 깨닫게 되어 스스로 성불하였음을 선포하게 되었다. 후에 그는 중부 인도 각지를 다니며 전교활동을 하였다. 그 결과 승려집단이 형성되게 되었고, 드디어 불교가 형성되게 되었다. 그가 불멸한 후에 불교는 사회상에 이미 상당한 영향력을 갖추게 하였다.

불교의 교의는 상당히 방대하고 정밀한 유심주의 체계로 되어 있어 훗날 계속해서 널리 전파되어 갔고, 많은 서로 다른 유파들로 나뉘어지면서 발전했다. 그리하여 교의는 더욱 복잡해지고 어지러워지게 되었다.

전해지는 바에 의하면 "4제(諦)"는 불교의 기본 교의 중의 하나로 석가모니가 처음으로 설교한 가르침의 내용이다. 4제는 곧 고제(苦諦), 집제(集諦), 멸제(滅諦), 도제(道諦)를 말한다. '제(諦)'란 진리라는 뜻으로 4제란 곧 불교에서 자주 칭하는 소위 "4대 진리"라고 할 수 있다. 소위 "고제"라는 것은 바로 인간 세상에 있는 모든 것이 바로 고통이라는 것이고, 인생 동안 생로병사 등 16개(어떤 사람은 8개라고도 함)의 고통을 만나게 되는데, 즐거움이라고는 하나도 없는 곳에 처해 있다는 것으로 사람들로 하여금 인간세상을 싫어하도록 이끈다고 하였다. 소위 "집제"라는 것은 세상을 사는 인생 및 그 고통의 원인('집'은 '원인'이라는 의미)을 찾고 찾다보면 불교도들은 두 개의 원인을 찾을 수 있다고 한다. 하나는 '업(業, 일을 행하는 것)'이라는 것으로 이는 고통의 진정한 원인이 된다는 것이다. 다른 하나는 '혹(惑, 번뇌)'으로서 이는 고통에 이르게 하는 보조 원인이라고 하였다. '업'과 '혹'은 무수한 고통의 결과를 나타나게 하는데, 만일 '업'과 '혹'을 단결시키면, 고통의 결과는 자연스럽게 이를 따라서 단절지어 진다는 것이다. 그리하여 곧바로 "적멸지락(寂滅之樂 : 고요한 가운데 기쁨을 누리며 산다"의 경계에 도달하게 된다는 것이다. 이를 바로 "멸제"라고 하는 것이다. 이러한 이상세계에 도달하고자 한다면 반드시 도를 수행해야 하는데 이를 "도제"라고 한다. 불교가 말하는 '도'란 바로 "열반지도(涅槃之道 : 열반에 이르는 길 - 역자 주)"를 말한다. 소위 "열반"이란 번역하면 '멸(滅)', "멸도(滅度)" "적별(寂滅)" "원적(圓寂)" "불생(不生)" "무위(武威)" "안락(安樂)" "해탈(解脫)" 등으로 번역할 수 있다. 그러나 실제로는 죽음에 대한 가명(이러한 가명은 6, 70여 개에 이른다)이라고 할 수 있다. 불교의 수행은 열반을 최종 궁극의 목적으로 하고 있다. 그것은 사람들로 하여금 죽음을 추구하도록 하게 하는 것이다. 4제 가운데서 '고'와 '멸' 2제는 특히 중요하다. 인생이 최고의 괴로움이고 열반이 최고의 낙인 것이다. 이것이 바로 불교의 기본 사상이고, 가장 약하고 가장 두려운 사상으로 현실생활의 문제에 대해서 한 점도 감히 접촉해서는 안 되고, 소극적으로 세상을 싫어하고 죽음을 추구하려는 설교로써 인간이 투쟁의지를 마비시키는데 있다. 고제는 생로병사 등으로 인생 중 가장 고통스럽고 어려운 일을 하게 되어 어떠한 사람도 이러한 고난으로부터 벗어날 수 없다고 생각하였는데, 이는 가난한 자도 부자인 자도 피할 수 없는 일이라 하여 교묘하게 계급적 모순을 덮어버렸던 것이다. 그리하여 계급적 착취와 계급적 압박이 피압박 인민이 당해야 하는 고통의 근원이라는 점을 말살시켰던 것이다. 이러한 설교는 당연히 착취를 가하는 계급에 대해서 유리한 것이었다. 그러나 착취하는 계급도 생로병사 등의 문제를 만날 수 있는 일이었다. 그렇지만 그들은 착취계급의 탐욕 본성을 바탕으로 이러한 문제를 생각했던 것이었다. 즉 어떻게 하면 장수를 할 수 있고, 어떻게 하면 다시 태어나는 세계에서 영화롭고 보귀한 지위를 보존할 수 있겠는지 등등을 생각했던 것이다. 이러한 설교는 비단 착취계급의 탐욕스런 심리에 맞추어 졌을 뿐만 아니라 그들에게 문제를 해결하는 방법을 제시해 주는 방법이기도 했다. 이는 착취계급의 마음을 받아들임과 동시에 일부분의 재물을 사원에 보시토록 함으로써 그들이 큰 복을 받을 수 있음을 극대화 시켰다. 즉 "사원에 시주하고, 천배의 보답을 얻으며, 승려들에게 보시하여 백배의 보답을 받네"라는 시구와 같은 것이었다. 불교는 바로 이러한 형식으로 착취계급으로 하여금 염가로 천국의 입장권을 사가지고 들어갈 수 있게 했던 것이다.

불교는 한 발 더 나아가 고난을 조성하는 원인을 분석하여 "12인연"을 제시하면서 말했다. 세계상의 각종 현상이 존재하는 것은 모두가 모종의 조건에 의한 것이기에 이러한 조건으로부터 벗어나는 것이 바로 소위 "존재하지 않는다"는 것이라고 했다. 사람 생명의 기원과 과정도 이러한 조건에 의한 것이라 했다. 이것이 바로 12가지 인연이라는 것이다. 알지 못하는 것(無知) 즉 무명(無明)은 의지(行)를 일으키고, 이러한 '의지'가 정신통일체인 "식(識)"을 일으키며, '식'은 신체의 정신과 육체(名色)를 일으켜 명(名)과 색(色)을 있게 한다. 곧 눈, 귀, 코, 혀, 몸, 마음(眼耳鼻舌身意)등 감각기관인 "6처(處)"를 형성시키고, 이 6처는 외계와 접촉(觸)하게 하는 일을 일으킨다. 즉 촉은 감수(受)하는 일을 일으키며, 수(受)는 탐애(愛)를 일으키고, 애(愛)는 외계사물에 대한 추구와 취(取)하고자 하는 마음을 일으키며, 취(取)는 생존 환경(有)을 일으키고, 유(有)는 '생(生)'을 일으켜 다시 '생'이 "늙어 죽게(老死)"하는 바를 일으키게 한다고 했다. 그래서 결국 인생의 고통은 무명(無明)에서 일어나는 것이라고 했던 것이고, 오로지 이 '무명'을 말소시켜야만 비로소 해탈을 할 수 있게 된다는 논리였다.

불교 경전은 또한 12인연을 말하면서 "3세의 인과응보"를 해석하며 말했다. 즉 무명(無明)과 행(行)은 지나간 원인(因)이고, 현재 느끼고 있는 결과(果)라고 했으며, 식(識), 명색(名色), 육처(六處), 촉(觸), 수(受)는 현재의 결과(果)라고 했고, 애(愛), 취(取), 유(有)는 현재의 원인(因)이고, 미래의 결과를 느끼게 하는 것이라고 했으며, 생, 노, 병, 사는 미래의 결과(果)라고 했다. 사람들이 사회에서 처해 있는 지위와 각종의 조우는 모두가 자기가 전세에 만든 "선업(善業)" 혹은 "악업(惡業)"의 결과라고 선양했다. 이는 일찍부터 정해진 것이고, 고칠 수 없는 것이라고 했다. 이것이 바로 착취계급이 노동인민을 잔혹하게 수탈하는 것에 대해 아무런 부끄러움도 느끼지 않고 자신들의 지위를 향유하는 근거를 제공해 주었던 것이고, 착취제도가 조성한 노동인민들의 고난 또한 합리적으로 그 사정을 해석하게 하는 근거가 되었다. 이러한 설교는 착취계급의 죄악과 노동인민으로 하여금 그들에게 복종하여 마치 소나 말처럼 행하도록 하는 반동적 작용을 하게 했던 것이다.

"인과응보"에 근거하여 불교는 "윤회(輪回)"라는 설교를 제시했다. "윤회"의 원래 의미는 "유전(流轉)"한다는 의미이다. 불교는 바라문교의 설법을 답습하여 이를 더욱 발양시켰고, 모든 것에는 생명이 있다고 하는 소위 "6도(道)" 속에는 영원히 생사가 계속된다고 했는데, 이는 마치 마차 바퀴가 쉬지 않고 돌아가는 것과 같다고 했다. 불교경전에 의하면 소위 "6도"라는 것은 하늘(天), 사람(人), 아수라(阿修羅 : 일종의 귀신, 괴신, 악신), 지옥, 아귀(餓鬼), 축생(畜生)를 가리킨다. 사람이 만약 착한 일(부처를 신봉하는 것 등을 가리킴)을 하면 죽은 후에 또 다시 능히 인간세계에 올라갈 수 있다고 했다. 사람이 만약 나쁜 일(부처를 믿지 않고, 자신의 운명을 불안해 하며, 다른 사람의 이익을 범하는 등의 짓을 하는 것을 가리킴)을 한다면, 죽은 후에 동물로 변하거나 아귀로 변하며, 혹은 지옥으로 떨어진다는 것이다. 이러한 설교는 실제적으로 통치계급이 노동인민대중을 두려워하여 말해진 것으로, 노동인민대중에 대해 정신적 노역을 진행시키는 일종의 수단이 되게 하였다.

석가모니 사후 백여 년 동안 불교는 분열되어 한 파는 "상좌부(上座部)"라고 칭해졌는데, 주로 그들은 장로들로 구성되었다. 다른 한 파는 "대중부(大衆部)"라 칭해졌는데, 많은 승려들을 옹유했다. 기원전 1세기를 전후하여 또한 대중부의 몇몇 지파(支派)들은 "대승불교"를 조직하였다. 더불어서 대승불교가 아닌 교파들에 대해서는 "소승"이라 칭했다. "대승"은 스스로 "중생을 제도한다"고 했고, 소승은 오로지 자기 수행을 통해 득도하는 일에만 관여한다고 말했다. 그래서 다른 사람이 어찌 되든 관계하지 않으므로 이를 받아들일 필요가 없다고 했다. 그들은 나한(羅漢)을 자료한(自了漢 : 자기 일만 하는 사람)이라고 칭하며 경멸하는 의미로써 말했다. 대승은 중생을 제도한다며 대중들에게 접근해 갔고, 자신들은 지옥에 떨어지는 사람들을 구제하길 원하며, 자기 먼저 해탈하는 것을 바라지 않는다고 했다. 이는 사람들의 동정과 존경을 불러 일으켰기에 대승은 소승에 비해서 더욱 속임수를 띠고 있었다고 할 수 있었다.

대승불교 중에는 또한 "공종(空宗)"과 "유종(有宗)"이라는 서로 다른 파가 있었다. 공종(또한 중관종[中觀宗]이라 불림)은 "일체개공(一切皆空 : 모든 것은 공이다)"이라는 교의를 선전하고 알렸는데, 이는 부처 자신을 부정하는 혐의를 가져오게 하였다. 그래서 여러 다른 불교도들의 반대를 만나야 했다. 후에 세친(世親)과 무저(無著)가 "유종"을 창립했다. 유종은 또한 "유가종(瑜伽宗)"이라 칭했다. 이는 "공종"이 말한 것에 대해 "공종"이 말하는 것처럼 말해서는 안 된다고 생각하여 "일체개공"이 아니라 "부처는 진실하고, 존재한다"고 했다. "유종"은 "만법유식(萬法唯識)"이라는 교의를 선전하고 알렸다. 곧 모든 객관 사물은 모두가 불성(佛性)을 가지고 있다고 생각하여 최종적으로는 모두 다 불성으로 돌아오게 되어 있다고 한 것으로 이러한 주장은 유심주의적 주관의식론이라 할 수 있었다.

전하는 말에 의하면 용수(龍樹)가 대승불교의 조사(祖師)인데, 그는 대승불교의 "공종"을 창립했을 뿐만 아니라, 또한 불교의 여러 교의와 바라문교의 여러 교의, 의식 들을 결합시켜 "밀종(密宗)"을 창립했다고 했다. 후에 밀종 이외의 교파는 "현종(顯宗, 혹은 현교[顯教])"라고 칭해졌다. 소위 밀종이란, 하나는 비밀리에 전교해야 한다는 것을 주장하는 종파인데, 곧 한 사람이 직접 다른 한 사람에게 전수해야 하는 것으로, 아주 신비스럽게 해야 한다는 것이다. 다른 하나는 세상을 미혹시키고 대중을 기만하는 무술(巫術)과 번잡한 종교의식을 거행하는 것을 말한다. 그러나 밀종은 기타 종파보다 더욱 오염되어 갔다. 불교는 밀종이 출현한 이래 끝없는 나락으로 떨어져 갔던 것이다.

마우리아왕조(孔雀王朝) 시기(약 기원전 324-185)에 불교는 인도의 국교가 되었다. 당시는 인도의 해상교통이 발달하여 대외 관계가 활발하였고 국가에서는 심지어 불교전교사를 국외로까지 파견하여 정치적 영향을 확대시키고자 하였다. 이러한 원인으로 불교는 서서히 아시아의 다른 나라들에게 전파되게 되었다. 남으로는 인도로부터 스리랑카, 버마, 태국, 캄보디아, 로손 등의 나라로 전파되어 갔고, 북으로는 파미르고원을 통해 기원전 전후에 중국에 전래되어 다시 중국이 한국, 일본, 월남 등 나라로 전파하였다. 남쪽으로 전파된 불교는 소승불교가 중심이 되었고, 북쪽으로는 대승불교가 중심이 되었다. 이후 불교는 서서히 발전되어 세계적인 종교로 되어 갔다. 불교가 각국 각지에 들어온 후 당지의 사상의식과 종교는 서로 결합되어 다른 유파를 형성하게 되었다. 여러 나라와 지역에서는 상당히 활약하는 현상까지 나타나게 되었다. 그러나 인도에서는 중세 이후에 불교가 점점 힌두교와 융화되어져 13세기에 이르러서는 쇠락하고 말았다.

티베트의 불교는 기원후 7세기에 중국의 내지, 인도, 네팔로부터 동시에 전해졌다. 중국 내지로부터 들어간 불교는 대승불교 위주였고, 인도, 네팔로부터 들어온 불교는 밀종 위주였다. 불교가 티베트에 들어간 후 번교는 이를 받아들이지 않았다. 그리하여 불교와 번교는 오랜 기간 투쟁을 진행해야 했다. 결국 최후에는 불교가 번교를 이겼으나 동시에 또한 번교의 여러 가지 교의, 신지(神祇, 천신과 지신 – 역자 주), 의식을 융합시키게 되어 자신들만의 농후한 지방 특색을 형성하게 되었다. 이러한 지방 특색을 갖게 된 티베트불교를 후에 외지인들이 속칭 "라마교(喇嘛教)"라고 부르게 된 것이다.

2. 티베트 불교의 전파 시작

불교가 정식으로 티베트지역에 들어온 것은 기원후 7세기 토번(吐蕃) 왕조 송첸감뽀(松贊干布)가 재위에 있을 때였다. 다른 한 가지 설은 송첸감뽀 이전 5대 첸뽀 라토토리넨첸(拉脫脫日年贊) 때에 티베트에 들어오기 시작했다고 하는 설도 있다. 당시 하늘에서 하나의 보물함이 내려왔는데, 그 상자 안에 불상, 경서, 금탑 등이 가득 들어 있었다고 했다. ≪청사(淸史)≫에서는 어떤 사람이 인도로부터 가지고 온 물건이라고 했다. 이것은 비교적 믿을 만한 내용인데, 왜냐하면 당시에 티베트의 사방 이웃 도시들은 모두가 불교가 유행하던 지역이었기 때문이다. 그러나 당시 티베트에는 글자를 아는 자가 누구도 없었기에 그 물건을 그저 남겨두고만 있었는데, 다만 그 보물함에 "영파상왜(寧波桑哇)"라는 이름을 지어 주었다고 했다. 그 뜻은 비보(秘寶)라는 의미였다. 그러나 어떠한 영향도 발생하지 않고 있다가 송첸감뽀에 이르러 토번(吐蕃) 왕조가 건립될 때 불교가 비로소 중국 내지와 네팔, 인도 지역으로부터 정식으로 티베트에 들어왔던 것이다. 송첸감뽀는 네팔국의 국왕 앙수벌마(盎輸伐摩)의 딸 지존(墀尊)을 왕비로 맞이했다. 동한(東漢)과 당 왕조와도 서로 좋은 관계를 유지하고자 문성(文成) 공주를 왕비로 삼았다. 앙수벌마는 불교를 아주 철저히 신봉했기에 당 태종도 불교를 지지해주었다. 당시 이들 양 국가의 불교는 모두 흥성하던 시기였다. 지존공주와 문성공주는 또한 모두가 지극 정성의 불교도였다. 두 사람은 모두 여러 불상, 경적, 법기(法器) 등을 가지고 티베트로 갔다. 문성공주가 가지고 간 각아(覺阿 : 부처가 세상 나이로 12세 때의 신체 크기로 조성한 불상이라고 전해옴) 불상은 지금도 여전히 라싸의 대소사(大昭寺) 내에 모셔져 있다. 두 공주의 창도 하에서 한나라 지역과 인도, 네팔 승려들이 티베트에 들어와 불법을 전했다. 그리고 더불어서 불경을 번역하기 시작했다. 주변의 영향으로 인해 송첸감뽀는 불교에 대해 점점 흥미를 가지게 되었다. 특히 송첸감뽀는 불교에 호감을 가지고 있었기에 불교를 더욱 중시하게 되었다. 그렇게 된 데에는 정치적인 원인이 있었기 때문이었다.

송첸감뽀는 아주 중요한 역할을 한 민족영웅이었다. 그는 부친 낭일송찬((郎日松贊)의 사업을 계승하였다. "약관의 나이에 양위를 받았고 성격은 날쌔며 무예에 능했으며, 영웅스러웠다. 그 이웃 나라 및 모든 강(羌)족들도 모두 그에게 복종했다."(≪구당서≫ 〈토번(吐蕃)전〉) 그는 군사 면에서 재간이 있었기에 무력을 이용하여 인근의 부락들을 정복하여 겸병해 나가면서 티베트를 통일하였다. 동시에 내정과 외교방면에서도 아주 굳건한 뿌리를 내리게 했다. 그의 영도력에 의해 토번(吐蕃)의 노예제도가 확립되었다. 그리고 노예지주계급의 이익과 의지를 체현하는 법률을 제정했다. 그는 크게 농업을 발전시키는 일을 창도했고, 수리관개 사업을 일으켰으며, 라싸(邏些, 곧 拉薩)를 중심으로 사방으로 통하는 역도(驛道 : 역마들이 달리는 도로)를 수축했고, 도량

형을 통일시켰다. 티베트문자로써 전해지는 바에 의하면 그는 대신인 탄미상포(呑米桑布)를 파견하여 산스크리트어를 모방한 글자를 창조토록 했다. 경제, 정치, 문화에 대해서 비교적 선진국이었던 당 왕조, 네팔 왕조와는 혼인관계를 맺어 서로 통하는 방법을 취했다. 그리하여 그들로부터 정치적으로 지지를 받을 수 있도록 도모했고, 토번(吐蕃)에 대해서 경제 문화 방면에서의 발전을 촉진케 했다.

그러나 토번의 노예제왕조는 당시로서는 아직은 안정된 왕조는 아니었다. 항복해 왔거나 정복당한 부족들의 지역에서 수시로 반란이 일어나곤 했다. ≪돈황토번역사문서≫ 속에 기록되어 있는 바에 따르면 "송첸감뽀 때 부왕에게 소속되어 있던 민서(民庶)들의 마음속에는 원망이 가득하였고, 모후(母后)에게 소속되어 있던 민서들은 공개적으로 반란을 일으키며 벗어나갔다. 외척과 향웅(香雄), 모우소비(牦牛蘇毗), 섭니달보(聶尼達保), 공포(工布), 낭포(娘布) 등도 모두 공개적으로 반란을 일으켰다. 부왕 낭일윤찬(朗日倫贊)은 독살되어 살해당해야 했다." 송첸감뽀는 비록 합법적으로 첸뽀를 계승했지만, 그러나 "첸뽀"라고 하는 이 칭호는 원래의 뜻이 "강하고 영웅스런 장부"라는 뜻으로 이는 이미 존재하고 있던 부락연맹들의 군사적 수령에 대한 칭호였다. 따라서 이는 그가 세운 토번왕조의 최고 정치적 영수라는 것을 표명하는 것은 아니었다. 당시 첸뽀는 권력을 집중시키는 중요한 방법의 하나였다. 이를 통해 구 부락들의 회맹을 연계시키고 있었던 것이었다. "첸뽀와 그 신하와의 작은 회맹을 맺을 때는 양, 개, 원숭이 등을 희생시켜 이를 이용하였고, 3세 간의 큰 회맹에는 밤에 제단을 만들어 음식을 차려 행하였는데, 사람, 말, 소, 야생 나귀 등을 희생시켰다." 모든 희생시키는 동물에 대해서는 발을 자르고 내장을 파열시켰으며, 재단 앞에서 무당이 신을 불러 말했다. "서약을 저버리는 자는 희생된 것들과 같이 된다(渝盟者有如牲)"(≪신당서≫ 〈토번전〉) 이러한 형식을 이용하여 상호관계를 강화시켰는데, 이는 첸뽀 왕실의 지위를 공고히 하기 위함이었다. 또한 신속된 각 부락의 이익을 돌봐주기 위함도 있었다. 그러나 이러한 회맹은 번교의 의식을 나타낸 것이고, 번교의 무당에 의해 주도적으로 조정되었다. 그래서 실권은 여전히 신을 대신해서 말하는 사람인 번교의 무당 손 안에 있었던 것이다. 첸뽀는 그저 회맹의 한 성원으로서 참가할 뿐. 각 부락의 공동이익과 관계되는 대사는 모두 이들 무당이 장악했던 것이다. 또한 각 상대방과의 토론에 의해 확정되었지 첸뽀 한 사람이 완전히 주인 노릇을 한 것은 아니었다. 한편 번교는 세상에 많이 병렬되어 있는 방격(方格)들에 의해 조성된 것으로 보는 해석에 따라 첸뽀가 비록 천신의 아들이라고는 하나 기타 부락의 영수들도 모두 천신 아들이므로 그들 사이의 관계는 형제였지 종속관계는 아니었다. 그래서 번교는 첸뽀 권력을 강화하는 작용을 하기가 매우 어려웠던 것이다. 당시 토번왕조 내부의 실제상황으로부터 보면 권력이 상당히 분산되어 있었다. 당시에 능히 정사를 좌지우지 했던 것은 번교의 무당이었고, 그들은 모두가 번교에 의해 집안을 일으켰던 몇 개의 오랜 귀족가문의 출신들이었다. 그들은 또한 왕실의 각 세대와 통혼을 했기에 점차 전권을 가진 외척집단으로 형성되어갔다. 역사서에서는 이를 "부족(父族) 6신(臣)" "모족(母族) 3신"이라고 불렀는데, 예를 들면 채방씨(蔡邦氏), 침씨(琛氏), 위씨(偉氏), 몰려씨(沒廬氏), 나낭씨(那朗氏) 등이 그들이었다. 그들은 번교로써 유대를 갖고 죽음을 불사하며 하나로 뭉쳐 중요한 문제가 있을 때는 권한을 쥔 무당이 신의 뜻을 대변한다는 식으로 출현하여 첸뽀왕실에 타격을 가했고 귀족집단을 지지했던 것이다. 송첸감뽀는 경영하는 일에 고심하여 비록 토번왕조의 정권을 건립해 놓기는 했으나 여전히 어느 것

하나 번교가 그에 대해 약속한 것을 벗어날 길은 없었다. 교권과 정권, 신권과 정권, 신권과 왕권은 여전히 모순으로 차 있었고 통일되지 못했던 것이다. 구식의 의식형태는 새로운 사회제도에 해롭기만 하고 아무런 도움이 되지 않았다. 따라서 반드시 이를 포기토록 해야 하고 이를 대신하는 새로운 사상체계를 건립해야만 했다.

그런 상황에서 불교는 일종의 신을 믿는 종교였다. 불교의 교의 중 불교의 형상은 지고무상한 것을 그려낼 수가 있었다. 마치 이러한 것은 완전히 인간의 전제군주 모습에 따르는 것이고, 허구적인 천상의 통일신과 같은 것이었다. 따라서 왕권을 적극적으로 강화하려는 송첸감뽀 입장에서 보면 확실히 이는 이상적인 모델이었다.

한편 불교의 인과응보, 생사윤회, 욕심을 억제하고 싸우지 말 것이며, 천당지옥 등 유심주의 교의는 노예지주계급의 통치를 공고히 하는데 대해 의심할 것도 없이 번교의 교의보다 고명하고 정밀하며 얻을 것이 많은 정신적 도구였다. 새로 건립한 토번왕조의 사상통치를 하기 위해 보충하는데 더 없이 필요했던 것이다. 그래서 불교가 들어오자마자 송첸감뽀는 가장 먼저 가장 빨리 토번왕조가 중시하는 계기를 불러일으켰던 것이다.

3. 불교와 번교의 경쟁

불교가 티베트에 들어오기 시작하자 전통적 번교의 저항을 받아야 했고, 이는 일반 규율에 합당한 일이었다. 불교와 번교 간의 투쟁은 이미 200여 년의 시간이 지났다. 이러한 투쟁의 첨예성과 장기성은 충분히 설명되었다. 그러나 통치계급의 알력으로 말미암아 불교는 지원을 받을 수 있었고 마침내 번교의 쇠퇴와 불교가 티베트에서 뿌리를 내리며 자라게 되었으며, 점점 널리 전파되었고 크게 발전하게 되는 현상이 나타나게 되었다. 그리하여 번교의 통치적 지위를 대신하는 역사적 국면을 맞이하게 된 것이다.

토번왕조 초기 번교의 세력은 여전히 대단히 컸다. 번교는 구 귀족들과 서로 결합하여 그들의 지지를 얻었고, 또 전통적 민간신앙으로서의 사회적 기초가 있었다. 불교가 티베트에 들어온 후 직접적으로 사회 상층부의 아주 큰 일부분인 사람들의 이익에 위협을 가함으로 말미암아 막 시작되었을 무렵에는 각 집안 귀족과 번교 무당들의 목숨 건 반대를 받아야 했다. 평민군중들은 외래의 불교에 대해서 또한 왕왕 불교의 존재가 전통 민족 신령에 대한 일종의 범죄라고 여겼고, 외부 민족의 침입과 다름이 없다고 여겼다. 따라서 본능적으로 구 귀족들과, 번교의 무당들과 함께 사회의 거대한 불교 반대세력이 되었다. ≪서장왕통기(西藏王統記)≫의 기록에 의하면 당시 라싸에서 대소사(大昭寺)를 건립할 때 "낮에는 건축을 하고 밤에 들어서는 모두가 마귀(실제상으로는 불교에 반대하는 사람들)가 되어 이를 모두 훼손하여 그 흔적조차 볼 수가 없었다."고 했다. 이를 보면 당시에 자각적으로 일어난 불교에 반대하는 사람들이 상당히 많았음을 알 수 있고, 이것과 같은 책의 다른 기록에는 "왕이 화신이 되어 108명으로 하여금 대궐문을 지켰고, 내부에서는 목수 108명이 도끼를 가지고 목공(100여 명의 사람을 동원하여 건축하고 대소사를 수호함) 노릇을 하였다"고 한 것을 보면 앞의 기록과 상당히 대비되는 것을 볼 수 있다. 그리하여 왕실은 오로지 노예제에 의해 노동을 강압하는 일상적인 규칙에 반대하는 수밖에 없었다. "술과 음식이 부족한 티베트인들은 그들로 하여금 노력에 종사하게 했다"고 하여 간신히 대소사(大昭寺), 소소사(小昭寺)를 건축하였던 것이고, 전통 신앙을 돌보기 위해 불교와 번교 간의 모순을 완화시키고자 했던 것이다. 그리하여 부득불 대소사의 4문에다 "만(卍 : 번교의 부호)자를 그려 번교도들을 안정시켰고, 방격(方格, 번교의 도안)을 그려 평민들을 안심시켰다." 이처럼 불교를 창도하는 일은 왕실의 협소한 범위 내에서만 국한되었고 영향도 적었다. 그리고 광대한 사회는 여전히 번교의 구세력 범위 안에서 의존하고 있었다.

송첸감뽀가 사망한 후 어린 나이의 왕손인 망손망찬(芒孫芒贊)이 왕위를 계승했다. 그리하여 대신인 갈이·동찬우송(噶爾·東贊宇松)(≪당서(唐書)≫에서는 번역하기를 녹동찬[祿洞贊]이라함)이 국정을 다스렸다. 갈씨가 전권을 잡았을 때 처음 흥기의 기회를 잡았던 불교는 심각한 타격을 받아야 했다. 승려들은 외지로 쫓겨났다. 불경번역도 금지됐다. 대소사와 소소사 및 기타 신전들은 폐쇄되거나 불에 탔다. 문성공주가 불공을 드리려고 가지고 온 각아불상조차도 땅속에 묻혀버렸다. 송첸감뽀는 676년에 이러한 "폭력에 의해 사망했다." 그 아들 두송망파걸(杜松芒波杰)이 첸뽀의 자리를 계승했다. 후에 갈씨 가족 형제들이 장기간 전권을 휘두르는 바람에 여러 귀족들의 불만을 야시시켰다. 두송망파걸이 성장한 후 일부 귀족들의 지지 하에서 699년 병사를 이끌고 갈씨 가족을 궤멸시켰다. 그러나 두송망파걸의 일생은 부락들이 반란을 평정하고 토번이 국경을 확장하였지만, 그러는 가운데 불교를 돌보고 창도하는 일을 하는 데에는 많은 어려움이 있었다.

두소망파걸의 아들 티데즙첸(赤德祖贊)이 제위에 오른 후 토번왕조는 장기간 대외적으로 확장하는 전쟁을 치르느라 많은 권신 귀족들이 군사면에서 실력을 확충하게 되어 왕실의 지휘를 더욱 듣지 않게 되었다. 이는 토번 첸뽀에 대해서 또 다른 하나의 위협이 되었다. 그리하여 왕실의 지위를 공고히 하기 위해 티데즙첸은 급히 당나라와 군사적 타협을 하고 관계를 좋게 하였다. 동시에 내지로 사람을 파견하여 불법을 구해오도록 했다. 더불어서 당나라와 재차 혼인 관계를 가질 수 있도록 준비를 했다. 710년 금성(金城)공주는 아주 성실한 불교도였다. 그는 토번이 불교를 창성케 하는데 적극적으로 협조해 주었다. 전하는 말에 의하면 그녀는 대담하게 봉폐된 암실에 있던 각아불상을 다시 공개하여 대소사에 이전시켜 공양토록 했고, 또한 네팔공주가 봉양하던 부동(不動)불상[1])을 소소사에 안치했다. 더불어 한나라의 승려에게 이

1) 부동명왕(不動明王): 밀교의 대표적인 명왕(明王). 힌두교의 시바신의 이명(異名)을 불교가 그대로 채택한 것이다. 5대존명왕(5大尊明王) 중의 하나로서 아나아사라나타(阿那阿奢羅那他)라 음역하고 부동존(不動尊)·무동존(無動尊)이라 번역한다. 부동여

들을 돌볼 수 있도록 안배시켰다. 금성공주는 또한 첸뽀에게 건의하여 사람을 여러 차례 중국 내지로 파견하여 불교를 배우게 하고, 한나라 승려들을 초빙해 오도록 건의하였고, 불교도를 조직하여 불경을 번역하는 일과 천문(天文), 성상(星相), 역산(曆算), 의약 등의 고서적을 번역하는 일에 종사하도록 했다. 전해지는 티베트 의약에 관한 주요 서적에는 ≪거효(居肴)≫라는 책이 있는데, 이는 곧 한문으로 된 의서를 번역한 것을 참조하여 지은 것이다. 금성공주가 티베트에 온지 2, 30년 동안에 서역의 호탄(Khotan, 于闐) 등지에서 발생한 배불(排佛) 사건으로 여러 승려들이 당시 토번이 통제하던 신장(新疆) 동남쪽으로 도망을 오자 티데줍첸이 명을 내려 그들을 수용토록 했다. 더불어 그들을 라싸와 건과곡(建瓜曲) 등에 있는 5개의 사원(일설에는 7개 사원)으로 영접하여 온 후 그들을 안배케 하였다. 그러나 종합적으로 말한다면 아직 불교가 티베트지역에서 활동하는 범위는 한계가 있었고 영향도 그리 크지 않았다고 할 수 있었다. 그리고 설사 이러한 조치들을 취했다고 해도 여전히 귀족들과 무당들의 통제와 반대를 받아야 했다. 그들은 유언비어를 널리 퍼뜨렸고, 금성공주를 해하려 했으며, 군중을 선동하여 불교에 반대토록 했고, 당나라에 반대하는 정서를 부추겼으

래사자(不動如來使者)라고도 하며, 불교에서는 이 명왕에게 사자의 성격을 부여하였다. 후에는 대일여래의 사자로써 번뇌의 악마를 응징하고 밀교의 수행자들을 보호하는 왕으로 간주되었다. 대일여래가 일체 악마를 항복받기 위하여 몸이 변하여 분노한 모양을 나타낸 형상으로, 그 형상에는 2비상 · 4비상 · 6비상 등의 여러 가지가 있으나, 보통으로는 2비상으로 오른손에 칼을 들고, 이마에 머리카락을 왼쪽 어깨에 드리우고 왼쪽 눈은 흘겨보는 모양이다. 불꽃 가운데서 반석 위에 앉았다. 몸의 모양이 동자형(童子形)을 하고 있는 것은 여래의 동북(童僕)이 되어 밀교 수행자들의 봉사가가 되려는 서원에 의거한 것이다. 조성(造像)은 히말라야 산록을 뛰어다니는 목동을 모델로 했는데, 불상들 중에서 가장 인도적인 형태를 하고 있다. 현재 명왕부(明王部)의 대표적인 것으로, 7세기 후반 大日經(대일경)이 성립되자 밀교 오대명왕(五大明王)의 왕존(王尊)으로서의 지위를 확립했다.

며, 내부적으로는 명령을 내려 왕실의 사신들이 중국 내지로 들어가지 못하도록 하였다. 더불어서 음으로 조직의 역량을 도모하는 등 시기를 틈타 다시 한 번 배불운동을 일으키고자 준비를 하였던 것이다.

티데줍첸이 사망한 후 그 아들 치쏭데첸은 아직 나이가 어렸기 때문에 대 귀족인 나랑씨(那朗氏)가 정무를 보좌했다. 그는 곧바로 불교를 금지한다는 령을 선포하고 외지에서 온 승려들을 내쫓았다. 그리하여 다시 각아불상이 지하에 매몰되게 되었다. 그리고 대소사를 도살장으로 고쳤는데 이는 불교를 능욕한다는 뜻이 담겨져 있었던 것이다. 이때 티데줍첸은 장안(長安)에 가서 불교를 배운 4명의 "상시(桑希 : 중국어인 '선스(禪師)'의 역음)"가 라싸로 돌아왔다. 그들은 장안에서 많은 불교경전과 의학서를 번역했는데, 이들이 돌아올 때 한나라 승려와 일부 경전을 가지고 돌아왔다. 그러나 이 때 티데줍첸이 이미 사망하여 어린 군주가 권한이 없음을 발견하고는 치쏭데첸이 성장하기를 기다렸고, 일부 불교를 동정하는 대신들과 불교에 반대하는 대신인 마양중파(瑪樣仲巴)를 제거하고 대소사와 소소사를 회복하도록 계획을 세웠다. 그렇게 한 후 불교는 비로소 다시 부흥을 하기 시작했다. 치쏭데첸이 파새랑(巴賽朗, 후에 출가하여 법명을 의희왕파[意希旺波]라 함)을 파견하여 장안에서 한나라 승려를 데리고 오고 불경을 가지고 돌아오기를 기다렸다. 파새랑이 라싸로 돌아온 후 또한 불교를 반대하는 대신의 배제를 받아야 했고, 망성(芒城, 지금의 제용[濟龍] 일대)으로 내쫓겨 지방관이 되게 했다. 파새랑은 이 기회를 비러 네팔을 통해 인도로 가 불교를 접한 후 돌아오는 도중 당시 인도의 저명한 불교학자 징밍(靜命)을 티베트로 초청하여 불교를 전하도록 했다. 당시 마침 티베트는 기아가 발생하고, 질병이 유행하여 불교를 반대하는 사람들은 이들 재앙이 모두 징밍이 티베트에 왔기 때문에 번교 신령에게 죄를 범하였기에 일어나게 된 것이라고 구실을 댔다. 그리하여 징밍은 오로지 네팔로 돌아갈 수밖에 없었다. 징밍이 돌아갈 때 첸뽀에게 파드마삼바바(蓮花生)를 청해 티베트에 오도록 건의했다.

파드마삼바바는 당시 우장나(烏仗那: 지금의 크시미르) 지방의 밀종 대사였다. 징밍의 뜻은 대승 밀종을 빌어 번교도를 복종시켜 불교를 전파할 수 있는 통로를 주게 하자는 의도였다. 파드마삼바바가 초빙되어 왔고, 그는 "악마를 항복"시키러 오는 길에 상나(지금의 산남공갈현[山南貢噶縣] 내 지역)에 있는 첸뽀의 장막으로 왔다. 과연 번교의 교도들이 파드마삼바바를 만나자 마자 마치 적은 무당이 큰 무당을 본 것처럼 되어 그의 재주(把戱)에 적이 되지를 못했다. 그러자 불교는 마치 바람을 타듯 번성하기 시작했다. 그러면 파드마삼바바의 재주의 비밀은 어디에 있었는가? 그것은 그가 이전에 실패했던 경험 가운데서 얻어낸 교훈으로부터 얻어낸 것으로 새로운 투쟁전략 즉 불교의 티베트화의 방법을 취했던 것이었다. 소위 그의 "마귀를 항복시키는 일"이란 바로 그가 만난 번교의 자연신(大山, 巨流 등)을 불교의 신으로 선포하는 것이었고, 마찬가지로 아침마다 그를 승배하는 일이었다. 예를 들면 번교의 지방신인 "12단마(丹瑪)"를 모두 불교의 호법신으로 받아들인 것이 하나의 예였다. 후에 티베트 종교사를 기술하는 가운데 "그는 신에게 통하는 방법으로써 모든 인간이 아닌 하늘의 마귀를 항복시켜 큰 소리로 서약케 하고 마음을 착하게 바꾸게 하여 정법을 보호하도록 했다"고 썼는데 바로 이러한 의미였다.

한편 파드마삼바바는 번교의 마귀를 물리치는 종교의식 전체를 모방하고 이를 이용하여 불교 밀종의 무술(巫術) 속에 흡수해 넣어 불교에 대한 일반인들의 거부감을 못 느끼도록 제거해 버렸다. 파드마삼바바는 밀종을 통해 불교와 번교 간의 모순을 조화시키는 교량 역할을 하는 책략을 이용했던 것이다. 그래서 당시 티베트에서 불교가 전파되는데 장애가 되는 여러 요소를 제거했을 뿐만 아니라 후에 불교가 티베트에서 발전해 나갈 수 있는 하나의 길을 찾아냈던 것이다.

파드마삼바바는 밀종을 이용하여 불교가 티베트에서 전파해 나갈 수 있는 문을 개척해 냈다. 그러나 불교가 티베트에서 뿌리를 내리고 성장할 수 있는 데까지 다다를 수 없는 한 가지 원인을 끊어내지는 못했다. 그 가장 근본적인 원인은 당시 티베트사회의 역사적 조건 속에서 찾아낼 수 있다. 치쏭데첸은 8세기 하반기에 재위했었는데, 토번의 노예제 왕조는 이미 하산하는 길을 걸어가기 시작했던 것이다. 노예지주계급은 탐욕스런 근성을 버리지 못하고 있었기에 같은 민족인 군중을 탄압하고 압박하며 잔혹하게 대함과 동시에 조금이라도 능력과 기회가 있으면 대외적으로 확장해 나가려고 했다. 당시 토번은 해마다 전쟁이 그치지를 않고 있었고 노예들로 하여금 농업이나 목축업을 못하도록 핍박하여 종군하도록 했으며, 인력, 물력 재력 등을 사회에 부담시키는 일을 가중시키고 있었기에 노동력이 부족하여 전원은 황폐해 갔고 목축은 감소해 갔으며 경제는 쇠퇴해 갔기에 계급 간의 모순은 나날이 첨예화 되어 갔다. 동시에 노예지배계급 내부에서는 격렬한 권력과 이익을 쟁취하기 위한 싸움이 그치지를 않고 있어 전쟁 중에 일어나는 일부 새로운 권력 있는 귀족과 구 귀족 간에 권리를 재분배하는 문제가 항상 일어나 "너는 싸우고 나는 이로움을 빼앗겠다"는 일이 비일비재하게 일어났다. 치쏭데첸은 오로지 관직을 많이 설치하는 방법을 통해 이러한 모순들을 완화시키는 수밖에 없었고, 이러한 부담을 노동 군중들에게 전가시키게 되었다. 이러한 현상은 사회적 모순을 더욱 가중시키게 마련이었다. 당시 이러한 사회의 여러 모순된 현상에 대해서 자연신령을 숭배하는 것을 기초로 하는 번교는 당연히 더 이상이를 해결해 낼 수 있는 방법이 없었고, 이에 비해 불교도들은 "인과응보"라는 사상을 통해 현실적 상황을 극복할 수 있는 논증 근거로 사용하게 되었다. 당시의 역사적 조건 하에서 불교의 이러한 설명들은 고난의 근본이 어디에 있는가를 찾지 못하고 있던 군중들 입장에서 말한다면, 군중의 의식을 마취시키는데 잘 이용할 수 있는 것이었고, 통치 지위를 안정화시킬 수 있는 하나의 도구가 될 수 있었다. 불교는 마침 이러한 사회배경 하에서 신속하게 티베트사회에서 전파되어 나갔던 것이다.

4. 티베트불교의 전기 발전기

엄격히 말해서 티베트불교의 소위 전기 발전기는 치쏭데첸 때부터 시작되었다고 할 수 있다. 왜냐하면 이 이전에도 테베트에는 이미 불교가 있었으나 사원(오직 몇 개의 신전만이 있었다)이 하나도 없었고, 둘째는 티베트족 승려가 없었고, 전해들어온 불경도 매우 적었다. 그리니 치쏭데첸이 정권을 잡은 후부터 그는 불교를 창도하는 몇 가지 실질적인 조치를 취했기 때문에 티베트 불교는 비로소 이때부터 진정으로 일어나기 시작했던 것이다.

치쏭데첸이 친히 주도하는 가운데 티베트에서는 정식 불교사원이 건립되었는데, 그 사원은 상야사(雙耶寺 : 지금의 산남예낭현[山南札囊縣] 상나구[桑那區]에 있음)였다. 이 절은 밀종의 만다라(壇城)의 형식에 의해 건립되었다. 본전(本殿)은 3층으로 되었고, 하층은 티베트 식으로 되어 있으며, 중간층은 중국식으로, 상층은 인도식(이 때문에 또한 삼양사[三樣寺]라고 칭해지기도 한다)으로 되었다. 건물은 소위 수미산(須彌山)으로 대표되었다. 사방에는 4개의 전(殿)으로 대표되는 소위 4대주(大洲), 8개의 작은 전(殿)은 소위 8소주(小洲)를 대표한다. 본전 양 옆에는 또한 해와 달 두 전이 있다. 주위에는 담장으로 둘러싸여 있는 철위산(鐵圍山)이 있다. 전하는 바에 의하면 상야사는 12년(763-775)만에 건립되었다고 한다. 낙성식 경축회는 거의 1년이나 계속되었다. 이를 보면 그 규모가 얼마나 웅대하고 경축식이 거창했었는지를 상상할 수 있을 것이다. 상야사의 건립 상황에 관하여 티베트의 역사서인 ≪발순(拔循)≫에는 당시의 상황을 자세히 기록하고 있다. 상야사가 건립됨에 따라 티베트족으로서 출가한 승려도 출현하기 시작했다. 처음 나타난 승려는 모두 7명이었다. 이를 "초7자(初七子)"라고 하고, 후에는 300여 인으로 발전하였다. 그들의 일체 비용은 모두 왕실에서 지급했고, 첸뽀는 그들에게 융숭한 물질적 대우와 아주 높은 사회적 지위를 주었다. 티베트사회는 이로부터 하나의 새로운 기생계층이 나타나기 시작했던 것이다.

상야사가 건립된 후 대규모적으로 불경을 번역하는 사업도 시작되었다. 치쏭데첸은 인도로부터 들려오는 유명한 불교학자들인 무후우(無垕友) 등을 초청하였고, 티베트족 번역가(전해지는 말에 의하면 3노년[老年], 3중년[中年], 3청년[青年] 등 9대 번역가가 있었다고 함)에게 번역 장소를 주고 널리 경론을 번역케 하였다. 오늘날에 이르기까지 당시의 번역된 목록을 볼 수가 있는데, 여기에 수록된 경론은 모두 27문(門)이나 되었고, 약 6, 70종이나 되었다. 불경 경전의 대량 번역은 번교 교도들에 대해서는 매우 극도의 공포였고, 그들도 불경을 고쳐서 편찬하여 번교의 경전으로 삼고자 하는 운동을 일으켰다. 그러나 또한 첸뽀 왕실로부터 엄중한 징벌을 받아야 했다. 이는 번교 교도가 불교에 대해 엄청난 한을 갖게 하여, 그들은 서원을 발원하며 저주까지 하였다. 즉 "본주인 단파현약보(丹巴賢若普) 존자(尊者)를 청하오니 석가의 연화보자(蓮花寶座)를 위에서 짓밟으소서!(번교의 두 구절로 된 기도하는 사[詞])"가 도처에서 여론을 만들어 끝까지 투쟁하겠다는 결심을 갖게 하였다. 그러나 공개적으로 동정과 지지를 받은 번교 정치세력들은 아주 적었다. 전하는 말에 근거하여 말한다면 당시에는 27명의 귀족이 첸뽀에게 상주하는 글을 올려 본존불을 폐기할 것을 요구했다고 한다. 치쏭데첸은 1차 불교와 번교의 변론회를 주최하였는데, 번교의 조잡하고 얄팍한 교의로는 당연히 밀종의 불교이론을 상대하기에는 대적 상대가 안 되어 결과적으로 번교가 변론에 실패하고 말았다. 첸뽀는 친히 번교는 이론이 없어 번교를 신봉하는 것은 법에 어긋나는 일이라고 선포하였다. 그리고 번교의 교도들은 불교에 귀의하라고 요구했다. 그러자 번교는 오로지 이러한 압박 속에서 잠시 지하활동으로 들어가는 수밖에 없었다.

치쏭첸뽀는 또한 전통 맹서 방식을 통해 한 발 더 나아가 상층 내부에서 불교를 신봉토록 촉진시키는 방법을 취했다. 불교를 신봉할 것을 맹서하는 장엄한 회를 두 차례나 상야사에서 거행하고, 왕비, 왕자, 모든 대신, 무장 등을 참가시켰다. 이것이 바로 그 유명한 "상야대서(桑耶大誓)"이다. 현재도 여전히 ≪상야사흥불증맹비문(桑耶寺興不證盟碑文)≫을 볼 수 있는데, 이 비문은 당시 맹서의 상황을 반영하고 있다. 비문의 내용은 다음과 같다.

> "라싸(邏些) 및 찰마(札瑪)의 모든 신전(神殿)은 삼보(三寶)가 건립되어 있는 곳에서 연각(緣覺)의 정법(正法)을 봉행합니다. 이 일은 물론 어느 때라도 모두 벗어나서는 안 되고 버려서도 안 됩니다. 공양(供養)에 드는 모든 물질과 기구도 감소해서는 안 되며, 궤짝(금고)이 비어도 안 됩니다. 오늘 이후

모든 1대 1대의 자손들은 첸뽀 부자(父子)가 지은 발원 맹서에 따라 그 서약하는 글의 주문(咒文)을 버려서는 안 되고 변경해도 안 됩니다. 일체 모든 하늘의 신에 기도하오니 인간이 아닌 신들이 와서 이를 증명합니다. 첸뽀 부자와 작은 나라의 왕자, 모든 대신들이 함께 맹서를 합니다. 이 조칙맹서를 자세히 적은 문자 한 본(本)을 별실(別室)에 보존합니다" ≪토번금석록≫

상야사의 건립과 상야 대맹서는 불교가 티베트에 전래된 이래 새로운 한 단계로 진입했음을 알려준다. 그리고 이는 당시의 노예지주 통치계급이 불교를 이용하여 첨예한 사회의 모순을 완화하고 그들의 통치적 지위를 유지 보호하려는 절박한 심정을 반영하는 것이라고 할 수 있다. 당시 불교가 첸뽀 왕실의 통치를 유지 보호케 하는데도 매우 큰 작용을 일으켰다. 치쏭데첸은 불교도들에 의해 "신의 아들"로써 봉양되었고, 지난날의 강토 개척에 공이 있었던 첸뽀도 불교 신의 화신으로 말하여지게 되었다. 그리하여 종교의 신단(神壇)으로부터 첸뽀는 "왕권신수"라는 최고의 통치지위를 부여받게 되었다. 첸뽀 왕실은 불교에 의해 좋은 곳을 얻게 됨으로 말미암아 더욱 더 불교를 창도하는 주된 생각을 적극적으로 하게 되었다. 치쏭데첸 이후의 3대 첸뽀 모두가 불교를 존중하는 자손이 되었던 것이다. 모니첸뽀(牟尼贊普)는 제위를 이어받은 1년여 시간 동안 계속해서 승려들을 공경하고 봉양하는 일을 계속했고, 상야사 내에 불, 법, 승 3보를 공양하는 법회를 거행하였다. 그는 또한 3차례나 재부를 평균화 하고 영지를 재분배 하는 정책을 3차례나 시도하여, 불교에 반대하는 귀족에 대해 타격을 가하고 더 많은 사람들이 불교를 지지하도록 하게 하였다. 그가 사망한 후 그 동생 티데송첸(赤德松贊)이 제위를 계승하였으나 불교를 신봉하는 정책은 변하지 않았다. 티데송첸은 그가 어릴 때 경을 전해주던 스승인 양정내증상파(孃定內增桑波)로 하여금 정사에 간여하게 하여 불교도가 직접 정사에 참여케 하는 선례를 만들어 주었다. 그는 또한 장자인 장마(藏瑪)를 출가시켜 승려가 되게 했으니 이는 불교에 대해 그가 얼마나 존숭했는가를 보여주는 일이었다. 티데송첸의 5번째 왕자 적조덕찬(赤祖德贊 : 곧 열파건[熱巴巾])에게 제위를 계승하게 한 후 불교에 대한 신봉은 광풍에 도달하는 정도로까지 이르게 되었다. 매번 법회를 거행할 때마자 그는 긴 머리 두건을 땅에 깔게 하여 승려들이 그 두건 위로 걸어가게 했고, 그런 후 다시 머리를 감쌌다. 이것이 바로 "두면예족(頭面禮足: 무릎을 꿇고 앉아 손으로 상대의 발을 감싸고 이마를 대는 절 - 역자 주)"의 의미였다. 이렇게 되자 승려의 수는 날로 늘어갔다. 첸뽀 왕실에는 이미 이들을 전부 공양해 왔으며 7호(戸)의 평민들이 1명의 승려를 공양토록 강요하는 명을 내렸다. 그리고 승려들에게 욕을 하는 자는 혀를 자르도록 명을 내렸다. 악의를 가지고 승려를 가리키는 자는 손가락을 자르게 했다. 악의를 가지고 승려를 보는 자는 그 눈을 멀게 하였다. 그는 대 승려인 패길운단(貝吉云丹)을 "곡윤(曲倫 : 교법대신[敎法大臣]이라는 의미)"으로 봉해서 모든 대신들의 가장 위에 위치토록 하였다. 그는 대소 정사를 처결하는 권한을 가졌을 뿐만 아니라 당 왕조와의 회맹까지도 자유로이 주지토록 하게 했다. 그는 822년에 그 유명한 장경회맹(長慶會盟)에 참가했었고, 현재 라싸의 대소사 앞에 있는 회맹비 옆에 토번 예맹대신(預盟大臣) 보젠뽀(鉢闡布 : 재상 위의 원로대신이라는 듯 - 역자 주)라는 이름으로 제일 앞에 새겨져 있다.

종합하여 말하면 치쏭데첸이 재위한 기간으로부터 적조덕찬이 재위했던 기간까지 80여 년 동안 불교는 티베트 사회에서 특히 상층계층

내에서 홍성하는 한 시기를 확립하였던 것이니, 이 단계가 후일의 불교도들이 티베트 불교에서 영예스럽게 말하는 "전기 발전기"였던 것이다.

5. '돈(頓)'과 '점(漸)'의 경쟁

티베트 불교는 7세기에 중국 내지와 인도, 네팔로부터 전해졌다. 중국 내지의 불교가 티베트에 들어온 것은 티베트의 종교에 대해 일정한 영향을 생산했고, 한장(漢藏)문화교류의 한 측면을 반영했다. 불교를 독신했던 문성공주가 티베트에 들어왔을 때, 중국 내지의 여러 기술, 민속물 등 좋은 문화적인 것들을 티베트에 가지고 온 이외에 특별히 하나의 각아불상을 가지고 라싸로 들어왔다. 티베트어로 '각아'란 한어의 '각(覺 : 불교에 대한 다른 칭호)'을 음역한 말이다. 문성공주는 당시 여러 불경 및 한족의 승려들을 데리고 왔다. 더불어 내지의 기술자를 불러들여 소소사(小昭寺)를 지어 각아불상을 안치토록 했다.

티베트 사료의 기록에 의하면 당시 라싸에는 한족 승려 대천수(大天壽) 화상 등이 있었고, 인도 승과 네팔 승과 함께 공동으로 불경의 역경사업에 종사했다. 금성공주도 불교를 티베트에 전파하려고 온 힘을 다했다. 그리하여 한족 승려들을 데리고 티베트에 왔던 것이다. 후에 우전(于闐) 등지에서 티베트에 온 많은 승려들 가운데 한족(漢族) 승려가 들어 왔는데, 티데줍첸과 금성공주의 지원에 의해서 안전하게 정착하였다. 금성공주는 여러 차례 티데줍첸에게 건의하여 한족 승려를 맞이하여 그들이 불경을 번역할 수 있도록 조직하기를 요구했다. 티데줍첸은 만년에 한족 승려인 상희(桑希) 등 4명의 승려를 장안(長安)으로 파견하여 경의 깊은 뜻을 배우도록 했다. 또한 티데줍첸의 아들 치쏭데첸은 재위 시 파새랑(巴賽朗) 등을 장안으로 보내서 불경을 가지고 오게 했고, 한족 승려들을 초빙해 오도록 했다. 상야사(桑耶寺)에 관해서는 일종의 전해지는 말이 있는데, 이 말을 중국어로 바꾸어 말하면 "삼양개태(三羊開泰)"라는 뜻이다. 그래서 또한 "삼양사(三羊寺)" 라고도 부른다. 이처럼 상야사를 또한 "삼양사"라고도 불렀는데, 그 원인은 주 전각 3층이 각각 티베트식, 중국식, 인도식으로 건축된 연고에 의해서 붙여지게 되었다고 하는데, 그 속에서 또한 한족 종교의 문화적 영향을 엿볼 수 있는 것이다.

티베트어 역사서에서 항상 제시하는 것으로 치쏭데첸 때 어떤 한 마하연나나(摩訶衍那: 대승화상)라는 한족 승려가 티베트불교와 쟁론을 일으키게 했다는 기사가 있다. 당시, 인도, 네팔에 의해서 티베트에 들어온 불교가 사람이 어떻게 해야 성불할 수 있는가에 대한 문제에서 점문교(漸門波, 즉 불교도는 여러 세대에 걸쳐 점진적으로 수행을 해야 모름지기 성불할 수 있다고 하는 파)에 속하는 자가 많았다. 그리고 마하연나가 내지에서 전해 들어 온 불교는 내지 선종의 돈문파(敦門派, 곧 무수하게 부처에게 공양하고 경을 염송하게 되면 모든 종교의식을 행하지 않고 사람의 주관적인 깨달음을 강조하는 파이다. 그리고 이러한 깨달음은 별안간 이루어지는 것으로 일단 이렇게 깨닫게 되면 성불할 수 있다고 하는 파)이다. 선종의 이러한 간편한 성불로 가는 길은 아주 대단한 유혹력을 지니고 있었기에, 이는 갖은 악행과 비리를 저지른 자들에게 염가로 천국에 들어갈 수 있는 입장표를 구입할 수 있게 해주었다. 그래서 일시에 돈문파는 엄청난 환영을 받게 되었다. 그리하여 "티베트의 승려나 일반민이나 모두 이를 따라 수행하였다"(法尊, ≪서장민족정교사(西藏民族政教史)≫)고 하였다. 이러한 영향은 곧 치쏭데첸의 한 왕비의 아들인 몰려씨(沒廬氏) 도 자신이 거느렸던 귀족 부녀 30인을 마하연나에게 계를 받게 한 후 비구니가 되게 하였다. 이것이 바로 티베트에 있던 인도 승려와 일부 점문파 승려들의 이익에 위해를 가하게 되어 논쟁을 진행하도록 요구되어졌던 것이다. 이러한 논쟁은 3년간(약 792년에서 794년까지) 벌어졌다. 쌍방의 논쟁은 갈수록 치열해져 후에는 치송데첸이 친히 회의에 나타나 공개적으로 전쟁을 진행하지 않으면 안 되는 상황으로까지 발전했다. 이것이 바로 티베트 역사서 속에서 항상 제시되고 있는 "돈점정변(敦漸爭辯)"이다. 결과는 마하연나가 처음에는 승기를 잡았으나 후에는 졌다. 치쏭데첸이 점문파의 관점에 찬동을 표했기 때문이었다. 연화계(蓮花戒)로 대표되는 인도 승려들이 최종적으로 승리를 하게 되었던 것이다. 그리하여 한적 승려들은 내지로 돌아가지 않으면 안 되게 되었고, 돈법은 금지되었다. 문도들 중에는 이에 분개하여 자살하는 이도 있었고, 어떤 자는 개종하는 자도 생겨났다. 돈문파가 최종적으로 이러한 대우를 받게 된 까닭은 첫째 교의상에 결함이 있었기 때문인데, 즉 선종(禪宗)은 불교에 외재하고 있는 형식 사상을 부정했기에 불교의 신권에 대한 자기 부정을 유도할 가능성이 있었고, 치쏭데첸이 취한 불교를 창도하는 정책과 이를 실시한 한 계열의 조치와 객관 상에서 서로 저촉되었기 때문이었다. 둘째는 양파가 장기간 동안 쉬지 않고 논쟁을 함으로써 당시 티베트불교에 내부적 분열을 반드시 일으킬 것으로 보고, 이는 불교의 발전에 대단히 불리하다고 보았기에 치쏭데첸은

"생선을 버리고 곰 발다닥을 취하는 방법"을 채택했던 것이다. 셋째는 아직은 당시 토번 왕조와 당 왕조 사이에는 장기간 동안 변경지역을 사이에 두고 다툼을 하고 있었기에 이로 인해 이러한 상황을 더욱 악화시킬 수 있다는 정치적 상황과 관계가 있었다.

한족 승려가 비록 내지로 돌아가기는 했으나 선종사상은 티베트불교에 대해서 여전히 영향을 남겨 놓았다. 후에 승려들에게는 이러한 전해지는 말이 남겨졌다. 마하연나가 내지로 돌아갈 때 하나의 신발을 티베트에 남겨놓았다(≪현자희연(賢者喜宴)≫을 참조). 이는 선종이 티베트의 사상에 대해 영향을 준 일종의 형상을 비유한 말이다. 후에 티베트 불교는 닝마파(寧瑪派)의 "대원만법(大圓滿法)" 과 화까쥐파(和噶擧派)의 "대수인법(大手印法)" 속에 모두 선종 돈문파의 여러 사상이 흡수되었다. 사실 티베트 밀종이 말하는 "즉신성불(卽身成佛)"과 선종의 "돈오성불(頓悟成佛)"은 기본상 같은 것으로 모두가 염가로 신속하게 성불할 수 있음을 선양하는 사상이 되었던 것이다.

6. 낭다마(郎達瑪, 토번의 마지막 왕)의 "훼불법난"

적송첸뽀의 재위로부터 적조덕찬(熱巴巾)이 권력을 장악한 80여 년 기간 동안 불교는 티베트에서 공전의 발전을 이룩했다. 후에 티베트에 간 인도 승려 아띠샤(阿底峽)는 다음과 같이 말한 적이 있다. "그때 불법이 흥성하였으니 비록 인도라 할지라도 이러한 적은 없었다." 불교는 토번 왕실이 의지하는 산과 같았다. 불교를 자신이 품은 알처럼 보호하는 가운데 자신의 세력과 영향을 확충하는데 목숨을 걸다시피 했다. 토번 왕실은 곧 불교를 몸을 보충하는 좋은 약으로도 삼았던 것이다. 이로써 사회의 모순을 완화시키고 노예지주들의 반동 부패한 통치를 공고히 하려는 망령된 계획을 도모하였다. 그러나 "어떠한 종교 교의라 할지라도 타락하여 흔들리는 사회를 뒷받침 해주는 데에는 부족하게 마련이었다. (엥겔스, 〈사회주의는 공상으로부터 과학으로 발전하게 한다〉 ≪마르크스 엥겔스 전집≫, 제3권, 402쪽)" 어떠한 사람도 종교에 의지해서 영원히 존재할 수는 없는 것이다. 불교가 티베트에서 흥기하였다 할지라도 토번왕조가 붕괴되는 국면으로 걸어가는 운명을 만회하게 할 수는 없었던 것이다. 아주 오랜 시간이 지나면서 티베트의 종교도 그 족적이 소멸되게 되었던 것이다.

치쏭데첸이 시작한 역대 첸뽀들의 불교에 대한 창도정책으로 말미암아 사회모순은 약해지지 않고 더욱 격렬해져 갔다. 경제상에서 왕실은 불교를 중흥시키기 위해 많은 비용을 지불하게 되어 사회적으로 노동하지 않고 식량만 축내는 승려들이 넘쳐나게 되었다. 이러한 상황은 노동하는 군중들에게 커다란 짐이 되었다. 정치적으로 불교는 이전의 번교가 점했던 빛나는 지위를 대신 취하게 되어 불교는 사회의 특권계층이 되었다. 이렇게 되자 이들은 필시 군중들의 불만과 반대 여론을 확산시키는 분위기를 일으키게 되었다. 당시 민중들의 불교에 대한 원망은 급등했고, 신하들 가운데는 이에 반대하여 떠나는 이들도 속출했으며, 큰 비가 내려 집들을 떠내려 보내는 그런 형세가 되었다. 그러자 일부 세속 귀족들 중에는 이러한 기회를 이용하여 활동을 개시했는데, 그들은 다시금 멸불을 조종하려고 했다. 이를 통해 왕실의 최고 통치적 지위를 찬탈하려는 목적을 달성하고자 생각했다. 비밀스러운 계획을 통해 먼저 적조덕찬(열파건)의 형인 불교도 장마(藏瑪)를 시해하고자 했고, 그런 후에 또한 왕비 앙초마(昂楚瑪)와 발천포(鉢闡布)가 간통을 했다고 무고하여 왕비를 자살하도록 압박했고, 발천포는 도망가는 도중에 살해해 버렸다. 더불어 인피를 벗겨 대중들에게 전시했다. 열파건(熱巴巾) 좌우의 친한 자와 믿음을 주는 자들을 제거한 후에 836년에 열파건이 술에 취했을 때 재갈을 물려 불교를 흥기시킨 첸뽀 열파건을 죽였다. 그들은 열파건의 동생 랑다마(郎達瑪)를 첸뽀로 옹립하고 위씨(偉氏) 다나건(達那巾)으로 하여금 대신을 맡게 했다. 낭다마와 다나건은 왕실과 귀족 가운데 번교 세력의 대표 인물이었다. 그들이 세력을 잡게 되자 곧바로 훼불법난을 일으켰다. 불상을 봉폐시키고, 사원을 불태웠으며, 불경을 모두 불살랐다. 그들은 상층의 승려들을 살해했고, 중층의 승려들을 먼 지방으로 쫓아버렸다. 일반적인 승려들에게는 환속을 하도록 명하여 세금을 바치도록 했다. 낭다마 등은 훼불법난을 일으키는 동시에 또한 군중을 속여 번교를 다시 일으켰다. 그런데 그들이 이제 막 그러한 분위기를 이끌어 나가던 차에 토번 경내에 "홍수와 가뭄이 일어나고, 나라에 기근이 든 데다가 도적이 횡행하고 질병이 각지에 퍼졌다"(法尊, ≪서장민족정교사(西藏民族政敎史)≫). "사람들이 기근과 질병에 걸려 죽은 자가 책을 쌓아놓은 듯했다"(≪신당서≫ 〈토번전〉). 대규모의 노예와 평민들에 의한 반정부운동이 일어났고, 마침내 토번왕조의 노예제를 붕괴시켰다. 그리고 낭다마 본인조차도 842년에 사람들에 의해 자해당하며 사망하고 말았다. 불교와 번교는 노예와 평민들의 반정부운동의 조류 중에 모두 암살되었던 것이다. 그리고 오랜 일단의 시간이 지나는 동안 티베트는 역사서에 나오는 말을 빌린다면 "장위무법(藏衛無法)"시대에 처하게 되었던 것이다.

제3장
티베트에서 불교의 재흥과 발전

1. 티베트 불교 재흥의 역사적 조건

토번왕조의 붕괴로부터 원나라가 티베트를 통일했을때까지 400년간의 시간 동안 티베트지구는 장기적으로 분할 할거 상태에 처해 있었다. 이는 티베트사회가 노예제사회에서 봉건제사회로 과도하는 중요한 역사적 시기였다. 842년 첸뽀 낭다마가 자상을 입어 사망한 후 토번왕조는 붕괴되기 시작했다. 제일 큰 왕비 나낭씨(那郎氏)가 양자인 영단(永丹, 중국사료에서는 "걸리호[乞離胡]"라고 칭함)을 제위에 오르게 하자 일부 귀족들의 불만을 일으켰다. 그러자 다음 해에 두 번째 왕비 재방씨(才邦氏)가 처음 낳은 아들 오송(奧松)을 재위에 오르게 했다.

토번 귀족들은 이 두 아이들을 둘러싸고 장계(長系)와 유계(幼系) 양 집단을 형성했다. 그리하여 두 집단은 끊임없이 권력 쟁탈을 위한 싸움을 진행했다. 이와 동시에 토번의 여러 변방의 장수들과 그에 속한 부족들도 계속해서 반란을 일으키고 떠나가 각자 나름대로의 정치를 시행했다. 857년을 전후해서 토번 변방 장수들의 군대를 따라 나선 노예 등은 노예지주의 통제를 벗어나 스스로 "갈말군(喝末軍)" 기의(起

義)를 일으켰다. 869년 토번 경내에서 노예와 평민에 의한 대규모 폭동이 일어났다. 이것이 그 유명한 "반상기의(反上起義)"이다. 이 기의는 "한 마리의 새가 하늘로 높이 솟구쳐 날아가자 많은 새들 무리가 자유로이 날아올랐다(一鳥凌空, 衆鳥飛縱)"(≪西藏王臣史≫고 표현하는 것처럼 동에서 서로 북에서 남으로 사방으로 퍼져나가 모든 티베트 지방에 만연하게 되었고, 이는 10여 년간이나 지속되었다. 877년 기의군이 첸뽀의 여름 궁전을 공격하여 점령하자 역대 첸뽀의 능이 전부 파헤쳐져 훼손되었다. 왕실의 후예와 노예지주 귀족들도 살해되거나 사방으로 흩어졌다. 이로써 토번 노예제 왕조는 철저히 멸망되고 말았던 것이다.

노예제도가 없어지자 노예들은 어느 정도의 해방을 얻을 수 있게 되었고, 일부 생산자료를 장악하게 되었다. 그리하여 소농 개체가 경제 주체가 되었다. 난동 중에 남게 된 소수 노예지주 귀족과 승려, 그리고 일부 평민들은 점차 신흥 봉건지주가 되어갔다. 분산되어 자립하게 되는 상황 하에서 자연적 조건이 비교적 좋았던 여러 산과 계곡 지구는 농업이 어느 정도 발전하게 되었고, 적지 않은 새로운 거민들이 나타나게 되었다. 소수의 부유한 농민들은 봉건지주로 상승했고, 절대다수 사람들은 점차 농노로 몰락하고 말았다. 이후 각 봉건지주들은 서로 토지를 겸병하여 10세기 하반기에 이르면 10여 가(家)의 대봉건지주가 이미 상당한 경제적 실력을 가지게 되었으며, 더불어서 좌우한 쪽의 정치세력을 통제하게 되었다.

그러나 새로운 봉건 계층이 자신들의 지위를 공공연하게 한 것은 아니었다. 경제적 기초를 바탕으로 상층 지위를 확보하는 기반은 아직 확립되지 않았던 것이다. 이들 대 봉건지주의 하나는 모두 야심이 발동하고 있었다는 점이었다. 그들은 당시의 노동군중의 활거에 대해 지극히 불만족스러워 했기에 각종 방식을 동원하여 압박하는 질서를 강화하여 자신의 통치범위를 확대 발전시키고자 하였다. 그들은 물질적 역량이 필요했고 정신적 역량도 필요했다. 그들은 종교에 의한 고유의 통치계급의 이익을 보호 유지하는 기능을 가지고 자연스럽게 그들로부터 자신들을 보이게 하려고 하였고, 이들 봉건지주들 중에는 원래 불교를 숭배하는 토번왕실의 귀족 후예도 있었다. 따라서 그들은 일찍부터 불교에 대해 연상하는 감정을 끊을 수가 없었다. 그래서 10세기 후반기에 위장지구(衛藏地區, 티베트 중부)의 여러 대봉건지주들은 사방으로 사람을 파견하여 불교를 찾게 하면서 창불활동을 시작하게 되었던 것이다.

낭다마의 훼불과 노예와 평민의 운동이 진행되는 충격가운데 위장지구의 불교세력은 비록 훼멸되는 것이나 마찬가지의 충격을 받았지만, 당시에는 여전히 소수의 승려들이 강(康), 청(靑), 아리(阿里) 등 지역으로 숨어서 도망쳐와 이름을 감추고 숨어 지내면서 집을 통해 비밀리에 불교를 전파하고 있었다. 그들의 자손과 문도들은 이제 비로소 다시 새로운 희망을 감지하고 공개적으로 활동을 하기 시작했고, 새로운 착취계급들에게 투신하며 나아갈 길을 찾기 시작했던 것이다. 이들 종교도들과 봉건지주는 각기 서로의 필요성을 감지하고 곧바로 의기투합하여 결속하게 되었던 것이다.

이들 종교도들이 은거하는 시기 동안 토번왕실이 제공하는 풍부한 물질적 대우는 없어졌다. 그들은 하루하루를 이어나가기 위해 은밀히 종교 활동을 해나가는 것 외에 여러 가지 생존해 갈 수 있는 수단을 배웠다. 예를 들면 군중들에게 병을 치료해준다거나, 점을 친다거나, 복을 가져다준다거나, 좋지 않은 일을 물리쳐준다는 것이 그것들이었다. 이러한 것은 자연스럽게 주위의 군중들과 쉽게 연계될 수 있는 계기를 강화시켜 주었다. 그들은 이러한 활동을 함과 동시에 이러한 기회를 등에 업고 교의를 선전했으며, 이러한 것들은 불교를 통해 설교가 되었으므로 군중들에게 많은 영향을 주었던 것은 당연한 일이었다. 장기간의 동란을 거치는 동안 군중들은 전쟁으로 인해 여러 곳을 떠다니면서 고생을 맛보아야 했고, 또한 여러모로 생각해 보아 이러한 상황을 이해할 수가 없자 불교가 말하는 "제행이 변화하므로 무상하고, 그런 유루(번뇌)와 무루 중에서 유루는 고통의 본질이다(諸行無常, 有漏皆苦)" "인과응보, 윤회순환" "추구내생, 왕생극락" 등의 선전은 이들로 하여금 쉽게 받아들일 수 있는 논리였다. 이것이 바로 불교가 다시 흥기하게 되는 기초가 되었던 것이다.

2. 티베트불교의 재 전파

불교가 티베트에 다시 한 번 전파되게 되자 그 주요 통로는 "아래로의 확대 전파(下路弘傳)"와 "위로의 계율 전파(上部律傳)" 두 방면이었다.

978년 산남지구의 신흥 봉건지주 의희현찬(意希堅贊, 낭다마의 양자로 영단의 6세 손)이 자금을 대어 노매초신희요(盧梅楚臣希繞) 등 10인을 강구(康區)로 보내 계를 받고 공부를 하게했다. 강구는 낭다마에 의해 벌어진 훼불시기 때 도망 온 승려들의 후세 문도인 공파요색(貢巴繞色)이 있었던 곳이었다. 그리고 후에 티베트로 돌아왔다. 그리하여 상나와 라싸의 예전 사원들을 복구했고, 여러 작은 절들을 건립했다. 그런 후에 문도들을 초대하였고 계(戒)를 전하고 불법을 전수했다. 노매에게는 "사주(四柱)"라고 불리 운 4명의 대 제자가 있었는데, 이들은 후에 4개의 작은 파를 형성했다. 곧 상나낭다길왕추(尙那朗多吉王推)의 "상파(尙派)", 아강곡군내(俄絳曲君乃)의 "아파(俄派)", 난익서희요(蘭益西喜繞)의 "난파(蘭派)", 죽미초신군내(竹美楚臣君乃)의 "당파(唐派)"가 그것이었다. 이상 4개의 소파(小派)를 총칭해서 "노매부(盧梅部)"라고 불렀다. 그 외에 강구에 가서 불법을 배운 10인 가운데 파초신락(巴楚臣洛)은 추후에 "파부(巴部)"를 형성했고, 열서초신왕추(熱西楚臣王秋)는 "열부(熱部)"를 형성했고, 장익서영단(章益西永丹)은 "장부(章部)"를 형성했다. 이 4부는 점차 라싸 지역에서 발전하였다. 그러는 가운데 서로 사원, 신도, 경제적 수입을 두고 쟁탈했고, 11세기에서 12세기까지 여러 차례 모순과 계투(械鬪, 자신들의 이익을 위해서 부락이나 집단 간에 무기를 가지고 행하는 싸움 - 역자 주)를 일으켰다. 그러나 그들은 교파(教派) 교의(教義) 상에서 각자의 특성을 형성하지는 못했다. 이것이 바로 "아래로 널리 전파"되게 된 상황이었다. (티베트에서는 습관적으로 강구(康區)를 하부지구(下部地區)로 칭하였다.)

10세기 말 아리(阿里)지구의 봉건지주 익서옥(益西沃)도 큰 힘을 들이며 불교를 창도했다. 그는 낭다마의 아들 오송(奧松)의 5세 손이었다. 낭다마가 피살된 후 오송과 영단은 왕위 쟁탈을 위한 투쟁을 전개했는데, 후에 또한 노예와 평민들 난의 충격을 받아 오송의 자손은 위장(衛藏)지구에서 자리를 잡을 수가 없자 아리지구로 도망을 가 봉건지주가 되었다. 익서옥은 앞장서서 출가하였다. 동시에 상나사를 모방하여 탁림사(托林寺)를 건립했다. 그는 인도 승려 달마납파(達磨拉巴)와 그의 제자 세 명을 초빙하여, 아리에서 계율을 전승하도록 했는데, 이로써 다른 종교 계통이 형성되기 시작했다. 이를 "상부율전(上部律傳)"이라 칭했다(티베트에서는 습관적으로 아리지구를 상부(上部)라고 칭했다.). 익서옥은 또한 많은 사람을 캐시미르 등지로 파견하여 불법을 학습토록 했다. 그중 가장 유명한 두 사람이 있는데, 하나는 인흠상파(仁欽桑波)(958-1055)라고 불렀다. 그는 3번이나 캐시미르에 가서 깊이 연구하고 돌아온 후에 대 역경사(譯經師)가 되어 108부에 달하는 밀종 경전을 번역해 냈다. 그리하여 밀종을 소위 불교이론과 결합한 고도의 교의를 제시해 주었다. 따라서 티베트의 후세 불교도들은 이를 "신밀주(新密咒)"라고 칭했으며 그 영향은 매우 컸다. 인흠상파는 또한 아리지구에다 많은 크고 작은 사원들을 건립했는데, 후세 불교도들은 거의가 모든 사원은 그가 건립한 것이라고 말하고 있다. 다른 한 카시미르에 가서 구법한 사람은 마뢰필희요(瑪雷必喜繞)인데, 그 또한 많은 불경을 번역해 냈다. 당시 사람들은 그를 "낙구(洛究, 작은 번역사)"라고 불렀고, 임흠상파를 "낙흠(洛欽, 큰 번역사)"라고 불렀다.

1042년 익서옥의 조카손인 강곡옥(絳曲沃)은 인도의 명승 아띠샤(阿底峽, 982-1054)를 아리로 초빙했다. 아띠샤은 인도 마갈타지방(王舍城을 중심으로 한 지역 - 역자 주) 초암사(超岩寺) 상좌로 유명하고 덕망 있는 불교학자였다. 그는 아리에서 3년을 살았고, ≪보리도등론(菩提道燈論)≫ 등의 책을 저술했고, 인흠상파 등의 밀교경전 번역을 도와주었다. 그리고 아리의 승려들을 위해 유행하고 있는 경전을 강론해 주었고 밀법(密法)을 관정(灌頂)에게 전수해 주었다. 1045년 아띠샤는 또한 위장지구의 승려 중돈걸미군내(仲敦杰微君乃, 10005-1065)를 위장지방으로 초청하여 경을 교도들에게 전하게 했다. 아띠샤는 위장에서 9년을 있었는데 후에 티베트에서 입적했다. 그는 상나, 라싸, 엽색(葉色), 팽성(彭城), 섭당(聶塘) 등지를 방문하면서 제자들을 많이 두었고, 그중 중돈(仲敦)이 그를 가장 오래도록 수행하며 배웠다.

1076년 강곡옥(絳曲沃)의 조카 아리왕자덕(阿里王孜德)은 탁림사(托林寺)에서 일차 법회(티베트 자료에서는 "병진법회[丙辰法會]"라고 칭함)를 거행하고 불교를 창도하고 불법을 널리 알렸다. 각지에서는 많은 승려들이 참가하였고, 그 영향은 대단히 컸다. 회의 후에 많은 승려들을 동원하여 카시미르와 인도 등지로 가서 불법을 배우게 했고, 역주한 많은 경전 등을 가지고 돌아가게 했다. 그들은 티베트에 돌아온 후 각지에다 불법을 전파했다.

3. 티베트 불교의 후기 발전기

티베트 종교계의 습관적으로 전해오는 말에 따르면 강구지역의 공파요색(貢巴饒色)과 아리지역의 인흠상파로부터 티베트 불교의 "후기 발전기"라고 불리 운다. 후기 발전기의 불교는 주로 상술한 소위 "아래로의 확대 전파(下路弘傳)" 와 "위로의 계율 전파(上部律傳)" 라는 두 개의 루트를 통해 전승되어 내려왔다. 이 두 개의 전승 계통은 불교의 기본 교의 방면에서는 다른 점이 없다. 그러나 밀종에서 수양하는 방법(修持)이 크게 구별되었다. "아래로의 확대 전파"는 토번왕조 시대의 옛날 밀법을 따랐는데, 이때 사용된 밀교 서적은 "구밀주(舊密咒)"라 불렸다. "위로의 계율 전파"가 근거한 것은 곧 불교발원지인 인도 우경(又經)에서 발전한 밀교 서적이었다. 티베트 사람들은 이를 "신밀주(新密咒)"라고 불렀다. 그 외에 당시 아리지구에 온 인도 승려가 많았기 때문에 아리의 승려들은 밖으로 나가 카시미르와 인도로 가 불법을 배운 사람들이 많았다. 그들이 배웠던 스승은 모두가 달랐다. 따라서 전적에 대한 견해와 몸으로 느낀 바도 또한 일치하지 않았다.

따라서 또한 서로 다른 수행방법이 나타났다. 이러한 차이가 존재하는 기초 상에서 11세기 중기부터 13세기 초까지 티베트불교의 각 개 유파는 나름대로 발전을 했는데 그 중요한 유파로는 다음과 같은 것이 있다.

11세기 중기, 구밀주(舊密咒)의 가르침대로 수행하는 승도들이 닝마파(寧瑪派)를 창립했다.

1056년, 아띠샤(阿低峽)의 제자 중돈건(仲敦建)이 유명한 열진사(熱振寺)에서 까단파(噶丹派)를 창립했다.

1073년, 곤공각걸파(昆貢覺杰波)가 사카사(薩迦寺)를 건립하고 사카파(薩迦派)를 형성했다.

1121년, 달파납결(達波拉結)이 강파사(崗波寺)를 건립하고, 달파까쥐파(達波噶擧派)를 형성했다.

1121년, 경파남교(琼波南交)가 후장(后藏)에 향사(香寺)를 건립하고 이를 거점으로 하여 향파까쥐파(香巴噶擧派)를 형성했다.

1158년, 달파랍결의 제자 파목죽파다길걸포(帕木竹巴多吉杰布)가 전장(前藏)에서 단살체사(丹薩替寺)를 건립하고 파죽까쥐파(帕竹噶擧派)를 형성했다.

1160년, 달파(達波)의 제자 발계파달마왕추(拔戎巴達瑪旺秋)가 후장(後藏)에서 발융사(拔戎寺, 지금의 앙인[昻仁]지구)를 건립하고 발융까쥐파(拔戎噶擧派)를 형성 하였다.

1167년, 파죽(帕竹)의 제자 마창희요승격(瑪倉喜繞僧格)이 서강(西康)지구의 백옥(白玉)지방에서 절을 건립하고 마창까쥐파(瑪倉噶擧派)를 형성했다.

1171년, 파죽의 제자 익서자파(益西孜巴)는 강서에 야포사(耶浦寺)를 건립하고 야파까쥐파(耶巴噶擧派)를 형성했다.

1171년, 파죽(帕竹)의 제자 걸찰(杰擦)과 포단(褒丹) 형제는 후장(后藏)에서 초포사(草浦寺)를 건립하여 탁포까쥐파(卓浦噶擧派)를 형성했다.

1175년, 달파납결(達波拉結)의 제자 향채파(向蔡巴)는 라싸지구에서 채파사(蔡巴寺)를 건립하여 채파까쥐파(蔡巴噶擧派)를 형성했다.

1179년, 파죽의 제자 인흠패(仁欽貝)는 라싸 동북쪽에다 공체사(貢替寺)를 건립하여 디굼까쥐파(止貢噶擧派)를 형성했다.

1180년, 파죽의 제자 찰서패(札西貝)는 유명한 달농사(達壟寺)를 건립하여 달농까쥐파(達壟噶擧派)를 형성했다.

1187년, 달파납결(達波拉結)의 제자 갈마파도송흠(噶瑪巴都松欽)은 라싸 서북쪽의 퇴룡(堆龍)지방에 초포사(草布寺)를 건립하여 갈마까쥐파(噶瑪噶擧派)를 발전시켰다.

1206년, 파죽(帕竹)의 제자 격단익서승격(格丹益西僧格)이 산남(山南)지구에 아상사(雅桑寺)를 건립하여 아상까쥐파(雅桑噶擧派)를 형성하였다.

후기 발전기 가운데 나타난 불교 각파는 명목이 아주 많아 통일되기가 무척이나 어려웠다. "그들은 설교와 포교를 했는데 각각 한 지방에서만 이루어졌다." "각자 나름 대로 포교한 지방에서는 성공을 했고 각자의 깃발을 꽂았다"는 표현과 같이 그들 각자는 나름대로의 뿌리를 깊이 내렸던 것이다. 이들 종교 각 파의 출현은 절대로 우연적이고 고립적인 사회현상을 말하는 것은 아니었다. 사실 이는 각 봉건 할거세력이 팽창한 결과가 종교상에 반영된 것이었다. 각 교파 간에는 항상 모순과 투쟁이 배후에서 일어났다. 이는 곧 각 지방 봉건영주 간의 이

권투쟁이었던 것이다. 단순한 신학 이론상의 논쟁은 부수적인 것이었다. 15세기 초에 이르러 하나의 새로운 교파인 거루파(格魯派)가 흥기하였다. 그들은 비교적 빠른 속도로 전 지역 불교의 통치지위를 취득했다. 이는 티베트 봉건농노제도의 정립과 통일이라는 점을 반영하는 것이었다.

전기 발전기의 티베트불교와 비교하면 후기 발전기의 티베트불교는 다음과 같은 몇 가지 특징을 가지고 있었다.

첫째, 종교와 정치가 결합되어 지고 있었음이 갈수록 긴밀해졌다. 종교와 정치의 결합은 사실 종교와 통치계급이 서로 결합했다는 것을 말한다. 당시 거의 모든 크고 작은 봉건지주들은 모두가 종교를 지지하였다. 그들은 봉건세력의 발전을 위해 적극적으로 불교를 이용하여 자신들의 길을 개척하고자 했다. 불교는 자신의 생존과 발전을 위하여 반드시 봉건지주 세력에 의지해야 했기에 각기 다른 종파가 형성되어 그들의 뒤에 숨었던 것이다. 그리하여 결과적으로 그들 봉건지주 하나하나의 뒤에 서 있게 되었던 것이다. 그들은 생사를 같이 할 정도로 헤어질 수 없는 관계로 발전했다.

더구나 여러 봉건지주들 가운데는 직접 승려의 가사를 입고 종교의 우두머리가 되는 자도 있었다. 아리지구의 익서옥과 강곡옥은 당지의 봉건 수령이었고 또한 당지의 종교 수령이기도 했다. 그리하여 자칭 “납라마(拉喇嘛, 곧 천라마(天喇嘛), 신라마(神喇嘛라는 뜻)”라고 하였다. 사카파의 종교 영수인도 당지의 대 봉건지주이면서 토번 귀족 후예 곤씨(昆氏) 가족으로부터 나온 사람인데, 13세기 중기에 이르러 중국 원나라 중앙왕조의 지지 하에 사카파는 티베트 지방 통치의 정권을 장악한 이후 정교(政敎)를 결합하여 또 다시 새로운 발전을 했으며, 이로써 종파별로 티베트지방의 정권을 장악하는 국면을 가져오게 하였다. 티베트 역사상 출현했던 정권으로는 사카지방 정권(1255?-1353), 파죽지방 정권(1354-1617), 갈마(噶瑪)지방 정권(1618-1642) 등은 모두가 이러한 상황에 속해 있던 정권이었다. 거루파(黃敎)는 흥기한 후에 17세기까지 발전했는데, 청 왕조의 지지 하에서 그 종교 영수인 달라이라마(達賴喇嘛)는 드디어 티베트 전 지역의 종교와 정치 최고의 영수가 되어 정권과 교권을 한 몸에 집중시켜 티베트의 정교합일을 가장 발전시키는 단계에 이르도록 발전시켰다.

둘째, 후기 발전기의 불교는 이미 토번왕조시기의 그러한 사회 상층에만 한하는 그런 모습은 아니었고, 민간에게도 전향해 간 것이 비교적 많은 시기였다. 당시의 승려는 모두 일반인들과 왕래가 빈번한 교통선처럼 활동했다. 그들은 일반민들과 교통할 수 있도록 그들과의 연결이 원활한 지역에다 사원을 건립하여 사회에 대한 영향을 가능한 한 크게 했으며, 군중 속으로 신도를 확산해 나갔다. 후기 발전기 중 각지의 저명한 번역가, 유명한 승려 중에는 평민 출신이 아주 많았다. 그들은 또한 그 시대에 통하는 문자를 알고 있었기에 종교, 의료, 역산(曆算) 방면의 지식을 갖춘 문화인들이었다. 그들은 종교가 통했을 뿐만이 아니라 자신의 출신 및 문화지식을 통해 군중들과 다방면에서의 연계를 보호 유지했다. 이는 불교가 능히 티베트에서 많은 대중들에게 확산시킬 수 있는 바탕이 되었고, 민간에서 세력을 얻을 수 있었던 중요한 원인이 되었다.

셋째, 불교가 전기 발전기에 번교와의 투쟁으로 말미암아 일가 독점적 패권주의로 발전했다는 점이다. 사회상에서는 이미 감히 불교에 맞서 저항할 수 있는 종교는 찾을 수가 없게 되었다. 가끔 씩 불교 내부의 각 계파끼리 투쟁이 있었지만, 이러한 투쟁은 근본적으로 불교의 통치적 지위를 동요시킬 수 없었으며, 반대로 불교가 티베트에서의 발전을 가속화시키는 작용을 했다.

넷째, 이 시기 불교의 현밀종(顯密宗) 경전에 대한 번역이 두드러져 완벽한 격식을 갖추게 되었고, 정리되어 계통성을 갖게 되었다는 점이다. 동시에 각 교파의 교의에서 현종과 밀종이 가지고 있는 수양 방법을 또한 여러 곳에서 볼 수가 있게 되었고, 이를 바탕으로 각자의 발전을 이룰 수가 있었으며, 이로써 방대하고 정밀한 사상체계를 형성할 수 있었기에, 이로써 신도들을 속일 수 있게 되었고, 그들을 마취시킬 수 있을 정도의 작용을 갖게 되었다는 점이다.

다섯째, 이 시기 밀종의 발전이 비교적 돌출되었다는 점이다. 전기 발전기의 불교는 주로 현종을 전파하는데 있었고, 밀종은 아직은 어느 정도 제한을 받아야 했었다. 그래서 오로지 단순하게 비밀리에 전파하는 일에만 경주해야 했다. 그러나 후기 발전기에 들어서게 되면 거의 모든 교파가 현종과 밀종 모두를 겸수하게 되었다. 이는 후기 발전기에 인도, 캐시미르에서 불교가 들어온 것과 관계가 있다. 당시 인도는 마침 밀종(續部)이 성행하고 있었기 때문에 유명한 스승들이 배출되고 있었고, 상부율전(上部律傳)이 들여온 불교는 밀종이 아주 많은 비중을 차지하고 있었기 때문이었다. 그러나 더욱 중요한 것은 티베트 사회가 장기적으로 동탕, 혼란 등에 의해 각 계층의 인사들이 급히 출로를 찾았는데 밀종이 선전한 "신속하게 성불할 수 있다"는 교의는 사람들의 이러한 정신을 충족시키는데 매우 필요했기 때문이었다.

여섯째, 이 시기의 티베트불교는 지방 색채가 갈수록 더욱 농후해져 갔다. 기본 교의 외에도 종교의 계파들은 사원의 조직제도, 지방 신에 대한 공양, 구체적 종교의식 등 방면에서 모두가 많은 지방과 민족의 색채를 가지고 있었고, 이는 다른 지역의 불교와 서로 특수한 점을 가지게 되었다.

제4장

티베트불교의 계파

1. 닝마파(寧瑪派[홍교(紅教)])

닝마파는 구교파이다. 이 이름은 "오래되다(古)" "이전이다(舊)"라는 뜻이 포함되어 있다. "오래되었다(古)"는 의미에서 말한다면 이 일파는 그들의 돈법((敦法)은 8세기로부터 티베트의 파드마삼바바(蓮花生)에게 전해져 왔다고 스스로 말하고 있다. 이는 다른 티베트의 다른 교파보다 300년 정도 앞서 들어온 것이기에 그래서 오래된 한 파라고 하는 것이다. "이전(舊)"이라는 의미에서 말한다면, 이 일파는 자칭 토번시기에 번역한 밀교 전적을 중심으로 해서 전승되었다고 한다. 즉 후기 발전기에 인흠상파(仁欽桑波) 등이 번역한 신파 밀교경전과는 다르다는 것이다. 이는 가장 일찍이 티베트에 들어온 밀교이며 티베트 번교의 여러 내용을 흡수하여 형성한 한 교파이다. 이 교파의 승려들은 모두가 붉은 모자를 썼기 때문에 또한 "홍모파(紅帽派)" 혹은 "홍교(紅教)"라고 전해졌다.

8세기에 밀교는 비록 티베트에 들어왔지만 밀교의 전도는 사도들에 의해 비밀리에 전교되었기 때문에 경전을 번역하고 교법을 전승하는데 있어서 일정한 정도의 제한을 받아야 했고, 신도도 적었다. 낭다마(朗達瑪)에 의해 행해진 멸불 시 주요한 불교사원 조직이 훼손되자 토번 통치계층의 통치적 지위와 사회상에서의 영향도 소멸되었다. 그러므로 밀교는 현교가 당해야 했던 그러한 소멸될 정도까지의 심각한 타격은 그다지 받지를 않았던 것이다. 이 이후 밀교는 여전히 교도 집안의 부자, 형제, 숙질 등에게 상전되어 계속 이어져 내려왔다. 9세기 후반기에서 10세기 초기까지 이들 가족에 의해 전승되어 온 밀법은 사회상의 영향으로 말미암아 많은 것이 번교와 섞여지게 되었기에, 이 또한 11세기 신교인 밀법과 구별되었다. 닝마파(寧瑪派)는 후에 흥기한 기타 교파와는 달리 고정된 사원, 방대한 승려 조직, 계통성 있는 교의 등이 없었다. 11세기 중엽에 이르러 비로소 소위 "삼소이(三素爾)"가 나타나 경전을 정리하고 사원을 건립했으며 비교적 규모 있는 활동을 전개했다. 따라서 이 시기부터 비로소 진정한 닝마파가 형성되었다고 할 수 있다.

이 교파의 역사적 발전 상황을 통해 그들 조직의 흩어짐, 교법의 혼란, 교도의 분산, 단일 계통의 전승 등 이들 특징에 의해서 통일적 서술을 하기가 매우 어렵다. 그러나 대체적인 정황은 두 가지 종류로 나누어 서술할 수 있다. 첫째 부류는 법술(法術) 주어(呪語) 등이 사회상에서 활동한 교도들에 의해서 이어졌기에, 이들은 경전을 읽지 않고 불교 이론을 알지 못했으므로 "아파(阿巴)"라고 불렸고, 그 뜻은 주문(呪文)을 염송하는 사람이라는 뜻이었다. 이들의 숫자는 적지 않았는데 티베트 사회에서는 그들을 진정한 닝마파 사람이라고 불렀다. 둘째 부류는 기타 교파와 같았다. 불교전적이 있고, 사도(師徒) 혹은 부자간에 전수하면서 전승하는 계통이 비교적 안정되었다. 그들의 경전은 또한 두 종류가 있었다. 하나는 8, 9세기에 티베트어로 번역된 후 계속 비밀리에 전승되어 온 것이 있고, 다른 한 종류는 감추어진 것이 발굴된 "복장(伏藏)"이었다. 그들은 파드마삼바바 등이 밀법을 보존하여 후인들에게 전하기 위해 잘 쓴 경전을 유명한 산의 바위 동굴에 감추었거나 지하에 묻어 두었는데, 몇 백 년이 지난 후에 비로소 사람들에게 발굴되어지게 된 것이다. 그러나 아주 오랜 시간 동안 복장은 닝마파 승도들이 위조한 것이라고 인식되어졌다. 그러다가 후에 와서 오래된 사원에서 여러 오래된 산스크리트어로 쓰여 진 경전이 발견되었는데, 그 중에 닝마파의 몇 부 경전 원문이 들어있었기에 이로 말미암아 닝마파의 가치가 높이 올라갔고 비로소 사회상에서 아주 오래된 교파로써 인정받게 되었던 것이다.

소위 삼소이(三素爾)라고 하는 것은 봉건지주 가족에 속한 세 사람을 말한다. 하나는 소이파차(素爾波且 : 대소이[大素爾]라는 뜻)이고, 본명은 석가군내(釋迦君乃, 1002-1062)였다. 그는 당시 전해지고 있던 밀법을 정리하여 여러 근본적인 "항특라(怛特羅 : 密法)"를 확정했고, 오파롱사(鄔巴隴寺)를 창건하였는데, 이로부터 닝마파는 비로소 자신들의 사원을 갖게 되었던 것이다. 둘째는 소이구희요짜바(素爾究喜繞札巴, 즉 소소이[小素爾], 1014-1074)로서 그는 소이파차(素爾波且)의 양자였기에 오파롱사(鄔巴隴寺)의 주지를 승계했다. 그는 밀법을 학습하기 위해 부자인 과부와 그의 딸(소녀)과 결혼했고, 후에 그들의 재산을 빼앗고 그들을 버렸다. 당시 밀법을 전하는 데는 많은 돈이 필요했는데 그는 많은 제자를 받아들임으로서 부자가 되었던 사람이다. 전하는 바에 의하면 그는 최고의 밀법을 수련하여 "대원만(大圓滿)"의 경계에 이르렀고 그래서 아주 위망이 대단했다고 한다. 세 번째 소이(素爾)는 탁포파(濯浦巴)로 본명은 서가승격(釋迦僧格, 1074-1134)이었다. 그는 소소이의 가장 작은 아들이었다. 그는 부친의 막대한 재산과 밀법을 물려받아 그의 제자는 천여 명이 넘었다. 그리고 그는 닝마파의 발전을 일으키는 중대한 작용을 하였다. 그와 그의 부친은 모두가 "납길흠파(拉吉欽波, 큰 의사라는 의미)"라는 명함을 가지고 있었는데, 이는 닝마파의 전도와 돈을 벌기 위한 일종의 속임수였다.

화소이파(和素爾波)에게는 또한 동시에 다른 한 융각길상파(絨却吉桑波)라고 불리 우는 사람이 있었다. 그는 학식이 뛰어난 저명한 사람이었다. 그에게는 약간의 밀교경전을 번역한 것과 주석서가 있었다. 그에 의해 전승되어 진 "대원만법(大圓滿法)"은 후에 닝마파 특유의 기본 교법이 되었다. 14세기에 이르자 닝마파는 한 명의 유명한 인물을 배출했는데, 이름이 융흠연강파(隆欽然絳巴, 1308-1364)였다. 그는 닝마파의 밀법 경전을 수정하고 해석을 하였던 자로 현밀교법 모두에 능통한 인물이었다. 그는 부탄에 가서 타이파림사(它爾巴林寺)를 건립한 적이 있고, 후에 또한 네팔에 갔었는데, 이로써 부탄, 네팔의 불교에 일정한 영향을 주었다. 닝마파는 강구지역에 여러 사원을 건립했는데, 가장 이른 것이 12세기에 건립한 감자갈타사(甘孜噶陀寺)였고, 17세기에 또한 덕격(德格)지방의 차경사(磋慶寺)와 백옥(白玉)지방의 백옥사(白玉寺)를 건립했다. 그리고 역대의 덕격토사(德格土司)와 정교(政教) 상에서 밀접한 관계를 맺고 있었다.

닝마파가 가장 주시했던 것은 소위 "복장(伏藏)"으로서 12세기 중엽부터 시작하여 계속해서 많은 발굴하는 사람들이 나타났는데, 그중 저명한 사람으로 낭니마유색(娘尼瑪維色)이 있었다. 그가 발굴한 복장은 "상부복장(上部伏藏)"이었다. 또한 고여각길왕추(古如却吉旺秋)도 있었는데, 그가 발굴한 것은 "하부복장(下付伏藏)"이라 불리었다. 15,16세기에 이르러 이들 "복장"은 열특나림파(熱特那林巴)가 모아서 각(刻)을 했는데, 이를 "남장(南藏)"이라고 했다. 16세기 초에 또 다른 한 사람이 복장을 발굴하였는데, 인증곽길등곡견(仁增郭吉登曲堅)이라고 불렀다. 그도 다른 여러 복장들을 발굴하여 각을 했는데, 이를 "북장(北藏)" 이라고 했다.

이들 "복장"은 진짜도 있었고 가짜도 있었다. 진짜는 적었고, 가짜가 많았다. 진짜 복장 가운데 있었던 것은 모두가 밀법 경전만은 아니었다. 비교적 오래된 토번시대의 전설 혹은 기사(紀事)에 관한 것도 여러 개가 보존되어 있었다. 예를 들면 ≪오부유교(五部遺敎)≫ 등이 그것이었다. 이 외에도 또한 많은 의학 전적 류가 있었다. 16세기 말기에 닝마파는 아노장포강(雅魯藏布江) 북안에 다길찰사(多吉札寺)를 건립하여 "북장"을 널리 전도하였다. 17세기 중엽에는 또한 전장(前藏)의 아노장포강 이남에 민주림사(敏珠林寺)를 건립하여 "남장"을 널리 전파시켰다. 그리하여 위장지구에 두 개의 닝마파 지파가 형성되게 되었던 것이다. 1718년 준갈이(准噶爾)가 티베트를 침입했을 때, 두 개의 사원은 모두 파괴되었고, 후에 파라내(頗羅鼐)가 자금을 대어 중건하였다.

닝마파는 이미 13세기에 원나라와 일정한 관계를 가지고 있었다. 예를 들면 삼소이(三素爾) 일파의 한 계승인이었던 석가유(釋迦維)는 발굴된 일부 복장을 원나라 세조 쿠빌라이에게 헌상했고, 그로 인해 "발희(拔喜, 중국어의 '법사[法師]'를 음역한 것)"에 봉해졌다. 그러나 닝마파 조직이 분산되면서 단선으로만 전승되어 그로 인해 시종 하나의 안정된 사원 집단세력으로 형성되지 못했다. 17세기에 황교 5세인 달라이(達賴) 아왕낙상갸초(雅旺洛桑嘉措)의 적극적 지지 하에서 어느 정도는 발전을 했었다. 이는 5세 달라이 본인이 밀법을 겸수했을 뿐만이 아니라, 더욱 중요한 것은 이때 티베트의 봉건농노제도가 이미 완전히 잘 정비되어졌기에 황교가 티베트의 정교 대권을 장악하여 통일할 수 있었는데, 그래서 각 방면에서 그의 통치 지위를 강화하는 것이 필요했던 것이다. 5세 달라이는 각종 농노, 노예에 대처하는 잔혹한 형법을 제정하고 완비하는 외에, 또한 밀교의 기괴한 환상적 행위를 빌려 야만적이고 공포적인 밀법의식(성혈이 낭자한 사람의 머리, 사람의 심장 등을 이용하여 공양품으로 올림), 혹은 악독한 주술 등 노동 군중을 두렵게 하는 것이 필요했다. 그렇게 하여 봉건 농노주의 통치를 공고히 했던 것이다. 이로써 5세 달라이 이후 역대 티베트지방 정부는 전쟁, 재황, 질병 등을 만나게 될 때마다 닝마파 승려들의 푸닥거리를 요청하게 되어 닝마파의 지위가 높아졌고, 밀교가 군중을 속이고 공갈과 협박하는 작용이 더욱 강화되었던 것이다.

닝마파의 교의 중 가장 돌출된 것이 소위 "대원만법"인데, 이 법은 "육체의 성질은 본래 깨끗하고, 스스로의 성질은 갑자기 성불할 수 있으며, 큰 자비를 주변에 미치게 한다"는 것이었다. 다시 말해서 그들은 한 사람의 마음과 몸(사상)은 본질적으로 순결한 것이고, 성스럽기 때문에 법대로 수련을 하게 되면 이를 통해 마음과 몸으로 하여금 어떠한 간섭도 받지 않고 아무 것도 없는 밝고 깨끗한 가운데 즉 하나의 이상적인 경계에 마음을 안치하게 되는 것이니 이것이 바로 성불하는 것이라는 의미였다.

이것과 내지 불교인 선종이 주장하는 "마음이 평온한 것, 그것이 곧 부처이다(心靜卽佛)" "마음을 맑고 깨끗하게 하여 자기의 본성을 발견하다(明心見性)"와 비슷한 것이었다. 그러나 닝마파의 수행법은 극히 복잡하였기에 그들이 비밀리에 전하는 바에 따라야 비로소 수행을 완성할 수 있는 것이었다. 닝마파는 수행하는 법의 최후의 단계에서는 남녀가 음란한 행위를 하는 것을 통해서만 성불할 수 있다고 생각했다. 닝마파의 경전은 그들의 조사인 파드마삼바라가 이미 5명의 "공행

모(空行母)”가 있어 그가 그녀들을 데리고 모든 곳에 가서 법을 전하였다고 기술하고 있다. 이러한 부녀를 유린하는 수단을 통해서 불좌에 오르는 비속한 유행은 수탈계급이 추구하는 문란한 생활의 수요에 마침 적응되는 것이었다. 후에 와서 “주색잡기를 좋아하는 승도들은 모두 이를 구실로 하였다. 거루파(格魯派, 황교)의 활불(活佛)과 격서(格西, 박사를 취득한 라마승들 - 역자 주)의 일부도 또한 이 파에 가입하게 되었다. 이로 인해서 강남북 하안의 사원들은 모두가 부인을 갖는 승방으로 변하고 말았다.”(善慧法日, ≪善說一體宗敎源流及敎義晶鏡史≫)

닝마파의 다른 한 특징은 그들이 많은 번교의 신과 종교의식을 흡수하였다는 점이다. 닝마 사원 속의 신상은 기괴하기가 짝이 없어 수천 수백 가지나 되었고, 그 중 주요한 공동성을 띤 것은 8가지 종류가 있었다. 닝마파에서 부르는 법에 따르면, 1, 문수(文殊, 신체), 2, 연화(蓮花, 곧 말), 3, 진실(뜻), 4, 감로(甘露, 곧 공덕), 5, 금강궤(金剛撅, 곧 사업) 등이 있다. 이상의 5조를 “출세5부(出世5部)”라고 칭했다. 또한 교도들이 수행할 때 본존상에 공양하였다. 그 외에 “세간3부(世間3部)”가 있는데, 즉 6, 차견비인(差遣非人), 7, 맹주주저(猛咒咒詛), 8, 세간공찬(世間供贊)이 그것이었다. 이들은 모두가 번교에서 이식되어온 과거의 신들이었다. 예를 들면 차견비인의 “비인(非人)”은 원문이 “마마(瑪摩)”인데, 이는 바로 번교의 한 나쁜신(凶神)이었던 것이다.

닝마파의 종교의식은 극히 야만스러웠고 잔혹했으며 공포적이었다. 그들은 직접 인체의 피, 살, 내장 등을 공양품과 법기(法器)로 하였다. 어떤 사람은 다음과 같이 말한 적이 있다. “소위 갈파라(噶巴拉)”라는 것은 사람의 해골이었고, 소위 파소대(巴蘇大)라는 것은 사람의 내장이었으며, 소위 풍림(風林)이라는 것은 사람의 정강이뼈로 만든 호각(號角)이었고, 소위 복전덕기(福田德基, 곧 성단[聖壇])은 바로 사람의 피부를 떠낸 한 장의 인피였으며, 소위 약알다(若嘎多)는 바로 공물로 올려 진 술에 섞은 피였다. 소위 만다라(曼陀羅)라는 것은 바로 무지개와 같은 채색을 말했다. 소위 금강무사(金剛舞士)란 인골로 만든 화환을 들고 있는 사람……이는 어떠한 교법도 아니고, 바로 인도에서 티베트로 들어온 죄악이었다.(≪파드마삼바바 유교[遺教]≫ 중에서 치쏭데첸(赤松德贊)의 정비(正妃)인 채방씨(蔡幇氏)가 불교를 반대하는 일단의 말.)

닝마파의 이러한 피의 종교의식은 다른 기타 교파에 더욱 큰 영향을 미쳤다. 이는 티베트 노예제도, 봉건농노제의 산물이었고, 노예지주계층, 봉건농노주 계층이 잔혹하게 노동인민을 박해하는 죄행이 종교상에 반영된 것이었다.

2. 간덴파(噶丹派)

간덴파는 전래하는 교법(敎法)을 기초로 하는 라마교파이다. "간(噶)"은 "가르친다(敎)"는 의미로 곧 "부처의 가르침"을 말한다. "덴(丹)"의 의미는 교수(敎授), 교계(敎誡)라는 것으로 곧 "승도들이 수행을 행하는 것에 대해 지도하는 것"을 말한다. "간덴(噶丹)"이란 즉 "부처의 가르침을 범인들이 받아들여야 한다"는 의미이다. 따라서 "교계파(敎誡派)"라고도 부른다.

이 교파의 연원은 인도의 불교 승려 아띠샤(阿底峽)에서부터 시작되었고, 그 제자 중돈(仲敦)이 창립했다. 15세기 거루파(格魯巴, 황교)가 흥기한 후, 총카파(宗喀巴)가 간덴파의 교의를 기초로 해서 티베트 불교에 대해 개혁을 진행하자 간덴파 사원이 황교로 개종하여 이 파는 다시 존재하지 않게 되었다.

아띠샤는 의역된 것으로 원래의 이름은 연등길상지(燃燈吉祥智)로 인도의 유명한 승려였다. 11세기에 초빙되어 티베트에 왔다. 그는 인도 말기의 대승불교를 전해주었고, ≪보리도등론(菩提道燈論)≫ 등 50

여 종의 불교 저서가 있다. 티베트 불교에 대한 영향이 가장 컸다. 그의 티베트 제자는 아주 많았다. 그러나 엄격하게 말한다면 그가 티베트에 있을 때는 하나의 교파로서 형성되지는 못했다. 그의 사후 중돈이 그의 후계인으로 지정되었다.

중돈걸미군내(仲敦杰微君乃, 1005-1064)는 퇴룡(堆龍, 라싸 서북지역)의 한 봉건지주 가정에서 태어났다. 어릴 때부터 불교를 배웠고 후에 아띠샤를 스승으로 모셨다. 그리하여 아띠샤의 모든 현밀교법을 계승했다. 1055년 중돈은 섭당(聶塘)에서 아띠샤 원적 1주년 추도기념회를 주지했고, 사원 하나를 건립했다. 1056년 달목(達木, 지금의 당웅[當雄] 일대)에 있는 봉건지주의 요청에 의해 유명한 열진사(熱振寺)를 건립했고, 후에 이 절을 기초로 하여 서서히 간덴파가 형성되었다. 중돈은 일생동안 승려가 된 적이 없었다. 오직 거사(居士)로만 칭해졌고, 열진사를 건립한 후에 그는 경을 강하면서 불법을 전하는 것으로 업을 삼았다. 당시 열진사에 상주하는 승려는 6, 70명 정도였다. 간덴파의 발전은 중돈의 제자와 또한 그 제자의 제자시기에 이루어졌다.

중돈의 사후 아띠샤의 다른 제자인 남교흠파(南交欽波, 1015-1078)가 뒤를 이어 열진사의 주지가 되었다. 그의 사후 또한 아띠샤의 다른 제자였던 포파규(褒巴哇, 1016-1082)가 뒤를 이었다.

중돈의 가장 유명한 제자에는 3인이 있었다. 박다왜(博多哇), 경아파(京俄巴), 보구규(菩究哇) 등이었다. 그중 보구규가 신도 대중 가운데에 남아 있지 않았다. 그리하여 박다규, 경아파가 따로따로 "교전파(教典派)"와 "교수파(教授派)"를 만들어 간덴파의 지파가 되었다.

간덴파는 아띠샤의 ≪보리제등론(菩提道燈論)≫을 기초로 해서 불교 교학의 주요 내용을 계통적으로 안배했다. 즉 승려의 계율, 즉 승려는 필수적으로 일정한 수행을 하여 일보 일보 나아가야 하는 수행을 해야 하고, 이를 통해 범부로부터 성불의 과정을 끝까지 걸어가야 하는 것을 강조했다. 간덴파에서는 불교를 배우는 사람을 세 등급으로 나누었다. 하나는 "하사(下士)"라고 하는데, 오로지 개인의 해탈만을 추구하는 자로 금세의 고난을 벗어나게 하여 이익과 쾌락을 추구하는 것을 목적으로 하는데 불교에서는 이를 "인천승(人天乘)"이라고 했다. 둘째는 "중사(中士)"로, 오로지 오늘날의 세간에서 떠돌아다니는 고난을 벗어나는 것만을 추구하는 자로, 다른 사람을 제도하는 일에 관심이 없으며, 불교에서는 이를 "소승(小乘)"이라고 했다. 세 번째는 "상사(上士)"라고 하는데, 스스로 "중생을 제도하는 것"을 원하여 해탈하기를 추구하는 자로 불교에서는 이를 "대승(大乘)"이라고 했다. 간덴파가 불교를 배울 때 요구하는 것은 먼저 유명한 스승을 방문하여 그에게서 배움을 요청하는 것으로 스승의 교육과 지도하에서 몸으로 역행하여 하사로부터 시작하는 것이다. 하사도(下士道)의 설교는 일반인은 모두 죽으므로, 죽을 때 자기가 가지고 있는 명예나 이로움, 재산, 친족 및 개인의 신체 모두를 가지고 갈 수 없으므로, 자신의 얻기 어려운 일생을 사랑하고 애석해 하여 발원하는 마음을 가져야 하며, "삼보(불, 법, 승)"에 의지하여, "악을 지양하고(止惡)" "선행(善行)"하는 일을 해서 고난을 면제 받을 수 있도록 갈구해야 한다고 널리 선양했다. 즉 "하사는 이를 수행하는데 힘써야 하고, 항상 즐거울 수 있도록 추구하라(下士勤方便, 恒求自身樂)"라고 했다. 그들은 나아가 하사도법에 따라 비록 일생동안 고난을 받지 않는 데에 도달했다고 하더라도 그러나 그것은 진락(眞樂)이 아니므로 배우기를 잘 하지 못하면 고통의 바닥으로 떨어진다고 했다. 윤회의 고통을 초탈하기 위해서는 반드시 중사도를 다시 배워야 하는데, "열반"의 경계에 달할 수 있기를 구하는 것이다(어떻게 중사도를 배우는 가에 대해서는 규정된 이름 있는 곳이 많기 때문에 서술하기가 어렵다). 그러나 여기에 이른다고 해도 그것이 끝은 아니다. 그러므로 사람들은 또한 "중사는 고통을 멸하기를 구하고, 속죄하는 옷을 입고 고의로 즐거워 하지 말아라(中士求滅苦, 非樂苦依故)"라고 했다. 나아가 상사도를 배워야 성불할 수 있는데, 중생을 제도해야 자신의 진정한 해탈을 얻을 수 있다고 널리 선양했다. 이것이 바로 "상사는 항상 힘써 스스로의 고통으로 다른 사람의 안락을 구하는데 힘써야 하고, 다른 사람에 미치는 고통을 영원히 소멸시키기 위해 다른 사람에 대해 마음 쓰는 것을 스스로의 괴로움으로 해야 한다(上士恒勤求, 自苦他安樂, 及他苦永滅, 心他爲己苦)"라고 했다.

소위 삼사도(三士道)란 말할 것도 없이 종교의 유심주의의 세계관을 이용하여 성불득도하는 "천당(天堂)"을 허구화한 것이다. 그리고 교묘하게 정신적 해탈을 추구하는 단계를 설치해 놓은 것이다. 그리하여 사람들로 하여금 한 단계 한 단계 그러한 허구적인 환각 경계로 나아갈 수 있도록 이끄는 것으로, 이는 곧 사람들로 하여금 현실을 망각케 하여 투지를 소멸시키고, 여러 쓸데 없는 길로 들어가게 하는 결코 자발적으로는 아무 것도 못하게 하는 그런 논리였다. 그야말로 종교의 마비작용을 충분히 체현해 낸 것이라고 할 수 있다.

밀교에 대해서 간덴파는 아띠샤으로부터 시작되어 밀교를 아주 높은 지위로 올려놓았다. 그들은 현밀은 상통하는 것이라고 생각하였고, 밀법은 더 특수한 기능을 가지고 있다고 생각했다. 그리하여 사람들로 하여금 "급속히 성불할 수 있다"고 했다. 이런 점에서 밀교가 현교보다는 높은 위치에 있었다. 그러나 그들은 또한 밀법은 오로지 극소수 이근(利根 : 불도를 닦는 데 있어, 예리하고 영리한 자질 - 역자 주)이 있는 자에게만 전수되었고 선전되었다. 따라서 널리 전파되기가 어려웠다. 간덴파가 주장하는 "현밀결합" "선현후밀"은 착취계급에 유리하다는 것으로부터 출발한 것으로 소위 “이근(利根)”이 있는 사람이란 바로 상층의 라마를 가리키는 것으로 그들이 밀법을 수행하는 것을 통해 “즉신성불(卽身成佛)”을 할 수 있고, 하층의 빈곤한 농민 대중들 입장에서 말한다면 “이근(利根)”이 결핍되어 있기 때문에 삼사도 속에서 시간만 소멸되었지 종신토록 마취되고 말았던 것이다.

11, 12세기의 티베트는 봉건농노제도가 서서히 형성되어 안정적으로 발전하던 시기였다. 간덴파의 교의와 교법(敎法)은 당시 불교의 수행이 점차 혼란스러워지는 상황에서 창립된 것이다. 거기에 불교의 계통성을 더하였고, 현밀관계를 조정하여 실질적으로 수행하는 것을 위주로 할 것을 주장했다. 사회에서는 선악에 따라 인과응보, 윤회, 생사초탈을 설교하는 것을 선전하는 것을 중시하였다. 이는 바로 불교로 하여금 사기성 마취성을 더욱 증가시키는 상황이 되었다. 그리하여 적극적으로 농노계급의 통치를 공고히 하고자 하는데 목적을 두기 시작하였던 것이다. 그리하여 승려들과 사원의 발전은 아주 빨랐고, 전 티베트 지구에 신속히 확대되었다. 후에 총카파가 이러한 기초 위에서 거루파(황교)를 창립했던 것이다. 따라서 간덴파는 황교의 전신이라고 말할 수 있는 것이고, 황교는 바로 간덴파가 진일보 발전한 것이라고 할 수 있다.

3. 사카파(薩迦派, 화교[花教]라고도 함)

사카파의 주된 사원은 사카사(薩迦寺)로 후장 사카지방에 건립되었다. 이곳의 분파산(奔波山) 정상에는 바위들이 풍화작용에 의해 회색빛의 흙으로 되어 있어서 이름을 "사카(薩迦, 티베트어로 회색 토양이라는 뜻)"라고 했다. 사카사는 남북 두 개의 절로 나뉘어져 있다. 북사는 1073년(송나라 신종[神宗] 원풍[元豊] 2년)에 건립된 규모가 엄청나게 큰 여러 층으로 겹겹이 쌓아놓은 듯한 건축군으로 되어 있다. 그러나 이미 훼손되었다. 남사는 1268년부터 건립되기 시작한 정방형의 높은 건축물로 장관을 이루고 있다. 절 안에는 대량의 역사와 예술 가치가 높은 문물들이 대량으로 보존되고 있어서 전국 중점 문물 보호단위의 하나이다. 사카파는 지명에 의해서 얻어진 유파의 이름이다. 또한 이 파는 일부 사원이 홍색, 남색, 백색으로 칠해져 있어서 속칭 "화교(花教)"라고도 칭해지고 있다.

사카파는 티베트불교 교파 중 비교적 영향이 큰 교파이다. 13세기 중엽에 티베트는 정식으로 중국의 판도에 들어갔는데, 이 일파의 수령이 되는 인물이 아주 적극적인 작용을 하였다. 13세기 중엽에서 14세기 중엽까지 사카파는 티베트 지방을 통치했던 정치세력으로 이 파의 수령은 이 시기 중앙의 직위까지 겸하고 있어서 전국 각지의 불교 업무를 관리하기도 했다.

사카파는 곤씨(昆氏, (≪元史≫ 중에는 "관씨[款氏]"로 번역되어 있다) 가족이 중심이 되었다. 전하는 말에 의하면 곤씨는 토번왕조의 오래된 귀족으로 적성덕찬 시기 그들 집안 중 누군가가 "낭론(朗論, 곧 내상[內相])"에 있었고, 그 집안의 어떤 이는 티베트에서 제일 먼저 출가한 "초칠자(初七子)"의 한 사람이었다고 한다.

사카파는 11세기에 시작되었고, 창시자는 곤씨 가족의 후대인 공각걸파(貢却杰波, 1034-1102)라고 한다. 그는 어릴 때 부친을 따라 닝마교법(寧瑪教法)을 공부했고, 후에는 탁미이석가익서(卓彌爾釋迦益西)를 스승으로 하여 새롭게 밀법을 공부했다. 1073년에 사카사를 창건하자 이로부터 사카파가 형성되기 시작했다. 공각걸파는 시작하자마자 종교법위(宗教法位)를 가족으로 상전(相傳)한다는 형식을 결정하고 하대로 연속해서 정교 양쪽의 권리를 곤씨 가족 수중에 모두 집중시켰다.

사카교 역사상 이 교를 창립할 당시의 수령 공각걸파 후에는 또한 "사카5조"가 있었는데, 제1조는 공각걸파의 아들인 포갈녕포(布噶寧布, 1092-1158)로 그는 완전한 "도과교법(道果教法)"을 건립했고, 사카파의 중요한 교법이 되게 했다. 그래서 그는 "살흠(薩欽, 곧 사카대사)"라고 존경받았다. 제2조와 제3조는 포갈영포의 차자인 색남자마(索南孜摩)와 셋째 아들인 짜바견찬(扎巴堅贊)이고, 제4조는 사판(薩班 : 티베트 불교의 영수를 일컬으며, 살가반지달[薩迦班智達]의 준말임) 공갈견찬(貢噶堅贊, 1182-1251)으로 그는 포갈영포의 제일 작은 아들인 패흠오파(貝欽奧波)의 장자였다. 제5조는 파스파(八思巴, 1235-1280)로 그는 사판제상사색남견찬(薩班第桑査索南堅贊)의 장남이었다. 이상 5인 중 앞의 세 명은 처(妻)를 취했고, 이들을 "사카삼백(薩迦三白)"이라고 칭했으며, 후의 두 사람은 출가하여 승려가 되었기에 "살가2홍(薩迦二紅)"이라고 칭했다. 이러한 것을 보면 티베트의 세속적인 봉건지주가 종교봉건지주로 전환되었음을 엿볼 수 있을 것이고, 정권과 교권이 점차로 합해져 가는 상황을 엿볼 수 있을 것이다.

사판과 파스파는 모두 중국 역사상 유명한 인물들로 이는 단순히 종교상의 원인이라기보다 더욱 중요한 것은 특정한 역사적 조건 하에서 그들이 승려의 신분에서 조국의 통일을 촉진시켰고, 민족적 단결을 강화시키는데 유익한 상황을 만들었다는 점이다.

사판 포갈성찬의 원래 이름은 패단돈주(貝丹敦珠)로 아주 박학했던 사람이었다. 그는 대소 5명(大五明 : 聲明, 工巧明, 醫方明, 因明, 內明. 小五明 : 시사, 음률. 수사, 가무, 성산[星算])" 에 정통했다. 그래서 "사카반지달(薩迦班智達, 곧 사카의 지자[智者]라는 의미)"이라는 칭호를 얻었다. 이를 간칭해서 "사판(薩班)"이라고 했던 것이다. 그는 티베트와 원나라 중앙정권을 연계시킨 첫 번째 인물이었다.

1240년 원 왕조의 고단칸(闊端汗) 파의 대장 다달나파(多達那波)가 위장(衛藏)지구에 진군해 왔다. 그리고는 곧바로 티베트 북쪽에 있는 열진사(熱振寺) 일대에 도달했다. 다달나파가 티베트에 들어온 후 티베트의 형세와 특징을 분석하고는 무력만으로 통제하기가 어렵다는 것을 알고 고단칸에게 반드시 티베트의 정교 봉건지방세력과 연계하여 그들의 협조를 이용해 통치를 해야 한다고 건의하였다. 당시 사카파는 비교적 웅대한 실력을 가지고 있었고, 또한 정교 합일이라는 특징을 가지고 있었기 때문에 먼저 그렇게 하는 것이 마땅하다는 것을 분석해냈던 것이다. 고단칸은 1244년 초청장을 발송하여 사판(薩班)으로 하여금 양주(凉州)로 와서 만나자고 했다. 1247년 사판은 두 명의 조카(八思巴와 恰那)를 데리고 양주에 도착했다. 고단칸은 티베트가 원 왕조에 귀순하는 조건으로 사판으로 하여금 티베트의 승려 및 속민들의 수령에게 편지를 한 통 쓰라고 타협했다. 편지 가운데는 당시의 사회형세와 티베트 각파의 발전 전망을 분석하여 각 정교세력으로 하여금 원나라 왕조에 귀순할 것을 종용했다. 더불어서 원나라 왕조는 티베트가 채용한 행정제도와 귀순 후 사카 등 각파를 보호해 주며 유지해 갈 수 있는 지위와 충분히 만족할 수 있는 대우를 해주겠다는 등의 사항을 설명하였다. 당시 티베트 각파의 정교 세력들은 이들 조건을 받아들이고 원 조정에 귀순하겠다는데 동의하였다. 이 때에 이르러 티베트지방은 정식으로 중국에 들어오게 되어 중앙이 직접 관할하는 일급 행정지방이 되었던 것이다. 사카파도 이로 인해서 원나라 조정의 신임과 티베트 지구의 영도적 지위를 얻게 되었다. 1251년 사판이 양주에서 사망하자 그 조카인 파스파가 그의 법위(法位)를 계승하였다.

파스파의 본명은 라추현찬(羅追堅贊)으로 어릴 때 총명했기에 "파스파(성자 혹은 신동이라는 의미)"라고 칭해졌다. 어릴 때부터 사판은 현밀불법과 "오명(五明)" 등 모든 이론을 학습했다. 사판이 양주에 있을 때 그는 항상 그의 주변을 따라다니면서 그의 신임을 독차지 했다. 1253년 쿠빌라이가 그를 만나주었고, 그로부터 관정의식(灌頂儀式)을 받았다. 1260년 쿠빌라이가 즉위하자 파스파를 "황제의 스승"으로 봉했고, 옥인(玉印)과 통석교(統釋敎)를 하사했다. 이후 원나라는 사람을 파견하여 티베트의 호적을 조사케 하고, 공부(貢賦, 조공과 세금)의 정액을 규정했다.

1264년 원나라는 통제원(總濟院)을 신설하여 전국의 불교 사무를 관장하고 티베트지방의 행정사무를 관장하게 했다. 그리고 파스파에게 명을 내려 통제원의 집사가 되게 하였다. 후에 파스파는 사카사로 돌아와 석가상파를 첫 번째 "본흠(本欽)"으로 추존하여 세조에게 임명해 줄 것을 청했다. 원나라는 본흠이 티베트의 행정사무를 관리하도록 규정했기에 국사(國師) 파스파로 하여금 티베트의 종교사무만 관장하도록 했다. 그러나 국사는 본흠에 대한 임면권과 건의권이 있었다. 1268년 석가상파는 위장지구의 13만 호(戶)의 장(長)으로 임명한다는 뜻을 받들어 티베트지방의 행정제도 수립과 중앙정권의 티베트에 대한 영도를 강화하였다. 1269년 파스파는 몽고의 새로운 글자를 창립하라는 봉지를 받고 "대법보왕(大法宝王)"으로 추가 책봉되었다. 1280년 파스파는 사카에서 사망했는데, 원 황제는 "황천지하일인지상선문보치대성지덕보각진지우국여의대보법왕서천불자대원제사(皇天之下一人之上宣文輔治大聖至德普覺眞智佑國如意大宝法王西天佛子大元帝師)"라는 칭호를 하사했다.

파스파로부터 원 조정이 황제에 대한 스승을 임명하는 제도가 시작되었다. 이후 모두 14명의 황제스승(帝師)이 봉해졌고, 대부분이 사카파 사람들이었다. 파스파가 사망한 이후 그의 문도, 가족 성원 등은 대부분 원나라로부터 중용되어 국사, 왕, 사공(司空), 국공(國公) 등 작위나 직위를 받았다. 더불어 많은 재물을 희사 받았다. 곤씨 가족의 어떤 성원은 황실과 통혼을 하기도 했다. 비록 사카파는 원 왕실과의 관계를 통해 티베트 봉건통치계급과 중앙 봉건통치계급 간의 영속관계를 맺기는 했지만, 서로는 이런 관계를 더욱 강화해 갔다. 이는 의심할 것도 없이 모두 각자의 이익에서 출발한 것이었다. 그러나 그들의 정치활동은 객관 상에서 모두 중국의 민족공동체를 조성하는데 있었기에 위대한 조국 발전의 조류에 순응했던 것이고, 티베트와 내륙과의 관계를 발전시킨 것이었다. 특히 한족, 티베트족, 몽고족 각 민족의 경제문화 방면의 교류를 촉진시켰으며, 민족 단결과 각 민족의 발전을 진흥시켰던 것이다. 티베트도 중국대륙의 통일로 인하여 안정된 국면을 가져오게 되었다. 그리하여 서서히 분산되어 할거하던 데서 점차 하나로 통합되는 과정을 완성해 갔다. 그 결과 티베트의 발전을 위한 좋은 조건을 만들어 놓게 되었으며, 토번왕조 후의 새로운 발전을 고조시키는 국면을 나타나게 했다. 동시에 또한 원나라 황실의 지지 하에서 티베트 불교는 더욱 호랑이에 날개를 단 것처럼 되었다.

당시에도 여전히 티베트로부터 대륙 내지까지 많은 종교 영주들이 중요한 직책과 요지를 움켜쥐고 잔혹하게 노동군중을 착취하고 압박했다. 또한 종교를 이용하여 그들에게 지독한 해를 입혔으며 심각한 나쁜 결과를 조성했다. ≪원사(元史)≫ 〈석노전(釋老傳)〉에서는 다음과 같이 당시의 상황을 말하고 있다. "그들의 기염은 모든 것을 굴복케 하는 듯했고, 그러한 상황은 사방으로 뻗쳐, 그 피해는 말할 수 없을 정도였다". 이는 명확하게 당시 티베트 지방의 진실된 면을 기록한 것이라고 볼 수 있다.

14세기 중기에 이르러 원 나라가 쇠락하자 사카파도 의지할 산이 없어졌다. 또한 권세에 대한 쟁탈로 인해 내홍이 일어났다. 따라서 그 세력은 점점 쇠약해져 갔다. 얼마 지나지 않아 까쥐파의 파목죽파(帕木竹派) 지방 세력이 그들을 대체하며 티베트지방 정교의 실권을 장악했다.

사카파는 지방 정치권력에 의해 그의 교파세력과 발전을 매우 신속히 해나갔다. 사원은 티베트 각지에 널리 산재하게 되었다. 심지어는 저 멀리에 있는 몽고. 청해. 강구(康區)까지 뻗쳐나갔다. 그러나 주사(主寺)는 여전히 사카사(薩迦寺)였다.

사카파의 역대 사주(寺主)는 바로 이 파의 최고 우두머리였다. 그들은 13세기 중기로부터 14세기 중기까지 100여 년간의 시간 동안 실제적으로 티베트 지방정권을 장악하였다. 사카사의 지배 하에서 후에는 점점 4개의 라양(喇讓)으로 갈라졌다. 이 네 개의 라양이란 바로 세탈라양(細脫喇讓, 사판 때 건립됨), 납강라양(拉康喇讓, 첫번 째 本欽 釋迦桑波 때에 건립됨), 인흠라양(仁欽崗喇讓)과 도각라향(都却喇讓)이다. 각 라양은 각각 자신의 좌주(座主)가 있었다. 사카파는 티베트에서 세력을 잃은 후 3개의 지파를 형성했다. 모두 밀교를 전파했다. 먼저 아이지파(俄爾支派)와 공갈지파(貢噶支派)가 있었다. 16세기 사카파는 또한 교법사상 지위가 있는 인물을 배출했다. 찰이흠라새갸초(擦爾欽羅賽嘉措)라는 사람이었다. 그는 두 개의 지파가 전하지 않던 사카밀법을 계습했다. 많은 지명도 있는 제자들이 있었다. 그리하여 또한 하나의 전승을 형성했는데, 이름하여 찰이지파(擦爾支派)라 했다. 전하는 바에 의하면 3세 달라이는 이미 그로부터 사카밀법을 배웠다고 한다. 5세 달라이도 그의 후배 학생이었다. 사카파는 현종방면에서 또 다른 인물인 인달구규흔노라추(仁達口圭熏奴羅追)를 내놓았다. 티베트 불교 각파는 ≪중관론(中觀論)≫, 특별히 월칭(月稱)의 ≪인중론(人中論)≫과 ≪중론명구론(中論明句論)≫ 유심철학을 중시하였다. 이는 이전의 한 시기 동안은 거의 실전되었었다. 그러나 그의 노력과 연구에 의해 널리 전해지고 찬양되어지게 되었다. 그리하여 비로소 티베트 불교세계에서 중요한 위치를 점하게 되었던 것이다. 티베트불교 사상 그는 포돈(布頓), 인흠주(仁欽朱) 대사(大師)와 총카파 사이의 중요한 인물로 칭해졌다. 그는 총카파가 현종방면의 주요 스승이며 전도자였다. 총카파의 저명한 제자인 갑조결(甲曹結)과 개주결(凱朱結)도 원래는 모두가 그의 제자였었다.

까귀파의 현교교법은 "도과법(道果法)"이다. 그 뜻은 다음과 같다.

하나의 수양법을 행하는 사람은 오로지 일체의 "악업(惡業)"만을 끊는다, 그러나 정상인은 세계에 대해 보는 법을 배제하고, 객관세계를 공(空)으로 보고, 이로써 일체의 번뇌를 버릴 수 있고, 일정한 수행에 따라 차례로 법을 배워갈 수 있다. 그러면 "일체지(一切智)"를 얻을 수 있고 열반의 경계에 도달하여 "정과(正果)"를 이룰 수 있다.

"도과법"은 4개의 성구로 개괄할 수 있다, "먼저 복이 아닌 것(非福 : 惡業과 같은 것임 - 역자 주)을 파괴해야만 하고, 다음에는 아집(我執, 곧 한 사람이 사상 상에서 존재하는 고통에 이르는 근본 - 역자 주)을 파괴해야 하며, 후에는 일체 보이는 것(見 : 사유를 통해서 결론을 내리는 것. 이들은 '常見(有見)', '斷見(無見)'을 반대함 - 역자 주)은 파괴해야 하는 것이니 이를 아는 것이 지자(智者, 곧 오로지 믿음을 견지해야만 비로소 진정한 불법을 깨닫게 되는데 이로써 해탈을 얻게 된다는 것)이다(首應破非福, 次則破我執, 後破一切見, 知此爲智者)"

이에 상응하여 사카파는 밀종적 견지에서 소위 "내심을 검증하는 실상(實相)"을 중요시했다. 즉 번잡한 수행방법을 통해서 일체 객관사물은 모두가 내심에서 발생하여 이루어지는 것이라는 것을 체험 증명하여야만 내심에 있는 여러 가지 환각을 실제적으로 알 수 있는데, 이래야만 근본적으로 모두 무(無)라는 것을 알 수 있다는 것이다. 그래서 "마음의 자성(自性)은 공(空)"이라고 할 수 있는 것이고 이러한 도리를 깨달을 수 있게 되는 것이며 일체의 것을 초탈하게 되어 성불할 수 있게 된다는 것이다.

사카파의 교법은 유심주의의 궤변술을 이용하여 물질세계와 정신세계의 관계를 전도시키고 물질의 객관적 존재를 부인하여 사람들에게 현실의 이익을 망각케 하여 사람들이 소위 내세의 행복과 윤회에 대한 초탈을 추구하도록 인도해 갔던 것이다. 그들이 말하는 소위 "비복(非

福)" "아집(我執)" "상견(常見)" "단견(斷見)" 등은 모두가 수탈계급의 이익으로써 표준을 정하여 확정한 것이었다. 그들은 비단 인민들이 수탈계급의 이익에 손해를 끼치는 "비복"하는 일을 허락하지 않았고, 또한 생각하는 것조차 허락하지 않을 생각이었으니 이는 완전히 일종의 정신적 통치였고 정신적 진압이었다.

사실 이러한 사람을 기만하는 장난은 사카파의 종교적 우두머리 자신도 이렇게 하지는 않았다. 그러나 그들이 정치적으로 득세한 이후 점점 명리(名利)를 추구해가고 생활의 쾌락을 탐하게 되면서 자신들의 세상을 초탈하지 않으려 했던 것에서 비롯되었던 것이다. 이 일파의 사람들은 종교사상 명망이 있는 몇 명의 승려 외에 기타 대부분은 집에서 법을 공부했고, 처를 취해 아이를 낳았으며, 벼슬길로 들어선 후에는 종종 몽고의 귀족복장으로 갈아입고 속인처럼 행세했다. ≪청사(淸史)≫에서는 "사카파의 법사들은 세속의 이익과 녹봉을 추구하는 것에 만족했고 이를 향유했으며, 이는 바로 '도과법' 등에 대한 하나의 풍자적인 행위였다"고 평했다.

4. 까쥐파(噶擧派 혹은 백교[白敎])

까쥐(噶擧)의 의미는 구전교(口傳教)라는 의미이다. 이 파에서는 밀법을 중시했는대 대부분 구어(口語)로 전도하였고 귀로 듣고 마음을 모으기를 요구했다. 전해오는 말에 의하면 이 파의 원조는 마이파(瑪爾巴), 미납일파(米拉日巴) 등으로 법을 수련할 때 인도 승려들이 입는 백색의 승복을 입는 것이 습관이 있었기에 "배교(白教)"라고 불리었다. 까쥐파는 11세기 중기 형성된 교파로 그의 지계(支系)는 매우 많으며, 시작하면서부터 두 개의 전승계통이 있었는데, 하나는 향파까쥐(香巴噶擧)라고 불렸고, 다른 하나는 달파까쥐(達波噶擧)라고 불렸다.

향파까쥐의 창시인은 경파남교(琼波南交)였다. 경파남교란 경파족의 "유가행자(瑜珈行者)"라는 뜻으로 이는 하나의 칭호이지 본명은 아니다. 이 사람은 인도에 가서 밀법을 배웠는데 티베트로 돌아온 다음 후장향(後藏香, 곧 후장의 남목림[南木林]) 지방에 향사(香寺)를 건립했기에 향파까쥐라고 칭해졌던 것이다. 후에 그의 제자가 갑사(甲寺)와 상정사(桑丁寺)를 건립하여 두 개의 지계(支系)로 갈라졌다. 상정사는 양

탁옹호(羊卓雍湖) 변에 있고, 이 절을 주지한 것은 티베트 유일의 여자 활불인 다길파모)多吉帕母 : 뜻은 '금강해모[金剛亥母]')였다.

전해지는 바에 의하면 15세기 티베트의 극(劇)을 창립하고 철색교(鐵索橋)를 건립한 유명한 당동걸피(唐東杰疲)도 향파(香巴)인 이 일파에 속해 있던 사람이었다. 14, 15세기 때 총카파 사도들 모두가 향파 까쥐 승려에게서 법을 배웠다. 이후 이 일파의 영향은 아주 적어졌다.

달파까쥐(達波噶擧)의 창시인은 달파납결(達波拉結)이고, 그 연원은 마이파(瑪爾巴), 미납일파(米拉日巴)의 사도들이었다. 마이파(1012-1097)의 본명은 각길라추(却吉羅追)이고 출생은 낙찰(洛扎)지방의 한 부호집안에서 태어났다. 그는 인도에 세 번, 네팔에 4번을 갔고, 많은 스승으로부터 법을 배웠다. 그러나 그는 일생동안 출가하지는 않았다. 불법을 가르치는 것 외에 상업에 종사하거나 농업에 힘썼다.

미랍일파(1040-1123)는 티베트불교 사상 유명한 인물로 그는 마이파의 제4대 고도(高徒 : 훌륭한 제자라는 뜻 - 역자 주)였고, 아리납퇴공당(阿里拉堆貢塘)지방에서 태어났다. 그의 부친은 상업을 경영하여 많은 부를 이뤘으나, 미납이 7살 때 부친이 병을 얻어 그와 그의 모친이 백부(伯父)의 박해를 받았고, 그의 집안 재산 모두를 그가 장악했다. 모친은 미납에게 명하여 외국으로 나가 법을 배워 복수를 하라고 했다. ≪미납일파전≫에서는 그가 번교의 "주술"을 이용하여 백부의 전 집안 및 그 친족 우인 35명을 살해했다고 기록하고 있다. 또한 그 모친이 그곳 향리사람들의 질시를 받았기 때문에 그는 또한 "주술"로써 전 촌의 장원을 파괴했다고 했다. 후에 그 죄가 너무 컸음을 알고 불법을 다시 배웠다. 미납일파는 마이파에게 법을 배우기 시작했다. 마이파는 이미 그에 대해 장기적인 시험을 측정하고 있었기에 그에게 아주 힘든 노동을 시켰으나 그는 조금도 원망하지 않고 말없이 마이파의 말을 잘 듣는 노예로써 복종하여 마이파의 신임을 얻은 후에야 비로소 밀법(密法)을 그에게 전수해 주었다. 그는 강저사산(强底斯山)으로 가 번교도와 법을 가지고 다툰 적이 있었는데, 그때 번교도들을 전패시켜 그의 활동범위와 영향은 점점 더 커져가, 달파까쥐파의 창립 기초를 다져놓았다. 그는 노래하는 형식을 통해 교를 전파했기에 쉽게 이를 이해하고 널리 알릴 수가 있었다. 그가 쓴 도가(道歌)는 당시 사회의 여러 좋지 않은 현상과 승속(僧俗) 봉건통치자의 탐욕스런 사기 행위를 잘 반영해 주고 있다.

미납일파의 한 제자인 색남인흠(索南仁欽, 1079-1153)은 "달파납결(達波拉結 : 달파지방의 의사라는 뜻)"로 칭해졌다. 그는 최초로 갈당파(噶當派)의 문도로 후에 미납일파에게 법을 배웠다. 그는 갈당파의 교법과 미납일파의 밀법을 결합시켜 자기의 체계를 형성하여 달파까쥐파를 창립했다. 그의 문도는 아주 많았는데, 4인이 후장에다 절을 건립하여 신도들을 받아들여 4대 지계를 형성하였는데, 그중의 파죽(帊竹) 지계가 또 다시 8개의 소계(小系)로 나뉘어 달파까쥐파는 "4대 8소" 계통으로 구성되었으니 그 구성은 다음과 같다.

- 달파까쥐(達波噶擧)
  - 갈마까쥐(噶瑪噶擧)
  - 채파가쥐(蔡巴噶擧)
  - 발융까쥐(拔戎噶擧)
    - 디굼파(止貢巴)
    - 달룽파(達嚨巴)
    - 주 파(主 巴)
    - 아상파(雅桑巴)

파죽까쥐(帕竹噶擧)
- 탁포파(卓浦巴)
- 수색파(修色巴)
- 야　파(耶　巴)
- 마창파(瑪倉巴)

(이름 밑에 선을 그은 자들은 가까이까지 남아 있는 까쥐파들이고, 그 나머지는 소멸되었음을 의미함). 달파까쥐의 4대 지계를 나누어 서술하면 다음과 같다.

1) 갈마까쥐(噶瑪噶擧)

갈마까쥐의 창시인은 도송흡파(都松欽巴, 1110-1193)로 본명은 각길짜바(却吉扎巴)이다. 그는 달파납결(達波拉結)의 제자이다. 1147년 도송흡파는 창도(昌都)지역 유오제(類烏齊) 부근에 갈마단살사(噶瑪丹薩寺)를 건립하였는데, 갈마파라는 이름은 이로부터 유래되었다. 1187년 라싸 서북의 퇴룡(堆龍)에 초포사(楚布寺)를 건립했는데, 이 절은 후에 이 파가 주지했다.

갈마까쥐는 티베트 불교 중 활불 전세를 채용하여 이를 전승해온 최초의 일파이다. 그들은 먼저 몇 개의 활불 전세계통을 건립해 놓았는데, 그중 가장 저명한 것은 흑모계(黑帽系)와 홍모계(紅帽系)였다. 흑모계는 도송흡파의 전세 활불 갈마발희(噶瑪拔希 : 진짜 이름은 아니고 갈마법사의 번역음임)는 원나라 왕실의 몽케(蒙哥, 원나라 憲宗)이 하사한 금변흑승모(金邊黑僧帽)라는 이름에서 이름이 유래되었다. 전하는 바에 의하면 몽케가 사망한 후 갈마발희가 파스파(八思巴)와 쿠빌라이 면전에서 "법에 대해 논쟁했으나(斗法. 실제적으로는 쌍방이 쿠빌라이의 신임을 얻어서 티베트의 통치권을 얻으려고 기대했다), 갈마발희가 실패하여 감금당했고, 후에 티베트로 돌아가도록 석방되게 되자 비로소 전교활동을 시작했다.

홍모계도 원나라 왕실이 이 계파 제1세 활불 짜바승격(扎巴僧格)에게 하사한 금변홍모(金邊紅帽)라는 데서 이름을 얻었다. 이 양쪽 계열의 활불은 원, 명, 청 삼대의 중앙집권 및 각 봉건세력과는 모두 연계되어 있었기에 수시로 황제에게 조공하였고, 다수의 활불은 북경으로 자주 불러올려 져 황제를 알현했는데, 이때 그들에게는 "대법보왕(大法宝王)" "대국사(大國師)" "국사(國師)" 등의 칭호로 책봉되었다.

이 두 계파는 줄곧 자신들의 종교 실력을 가지고 활동을 했다. 그러나 장기적으로 한 지방의 정권으로서는 형성되지 못했다. 그리하여 널리 신도를 모아서 그들에게 의지해야 했기에 사방으로 다니며 설법을 했고, 또 각 지방의 봉건세력과 연계하였으며, 종교를 통해 지방의 분쟁을 조정했다. 이를 통해 자기의 영향을 확대했던 것이다. 15, 16세기에 이르러 "대법보왕"이라는 봉호를 얻음으로 말미암아 비로소 티베트 종교의 수장이 되었다. 이후 세력은 점점 더 강대해졌고, 후장 지방의 봉건정치세력인 인방파(仁蚌派) 짱파칸(藏巴汗)과 서로 연계하여 갈마지방정권(1619-1642)을 설립했고, 신흥의 황교세력과 권리 쟁탈을 위한 투쟁을 전개했다. 인방파 짱파칸의 지지 하에서 한 번 라싸의 전소대회(傳召大會) 주최권을 탈취하여 황교의 철방사, 색납사 승려들이 전소대회에 참가하는 것을 금지시켰다. 또한 황교의 승려들이 모두 까쥐파 승려들에게 경의를 표하도록 규정했다.

후에 황교가 몽고와 석특부(碩特部) 구스칸(固始汗)의 무력적인 지지를 얻어 짱파칸을 궤멸시키고 청조의 책봉을 받아 전 티베트의 통치 지위를 얻었다. 갈마파는 이로부터 일어나지 못하다가 해방 전에 이르러 달라이가 사람을 파견하여 초포사(楚布寺)에 상주토록 하며 감독하게 했다.

2) 채파까쥐(蔡巴噶擧)

이 파의 창시인은 향채파(向蔡巴)로 본명은 달마찰(達瑪扎, 1123-1194)이었다. 달파납결의 조카 공파초신영파가 불법을 배워 후에 갈이가족(噶爾假足, 곧 토번 대윤갈이동찬[大倫噶爾東贊]의 후예로, 라싸 채공당(蔡公塘) 지방의 대 봉건지주)의 지지를 얻어 1175년 채파사(蔡巴寺, 이 파는 이로부터 이름을 얻음)를 건립했고, 1187년에 또한 부근에 공당사(貢塘寺)를 건립했다. 절을 짓는데 드는 경비는 일부 다른 사람의 지원하는 것 외에 나머지는 모두 강제적으로 빼앗거나 속이는 방법으로 거두어 들였기 때문에 티베트 역사상 향채파(向蔡巴)는 가장 유명한 계투의 저항을 받아야 했다. "일을 하고자 할 때 필요한 것은 권력을 옹유하는 것이고 전란을 잘 일으키는 법이다. 이렇게 해도 잘 안 되면 나쁜 일을 만들어 해결했다" (善慧法日, ≪善說一切宗教源流及教義晶鏡史≫)

향채파는 자기는 이미 범인이 이해할 수 없는 무분별하고, 선악을 따지지 않으며, 살고 죽음이 없는 경지에 이르렀다고 하여 일체의 세속적인 예법으로는 그를 속박할 수가 없었다고 말했다. 말하는 것 외에 그의 행동은 죄가 아니라고 할 뿐만이 아니라 공덕이 있는 행동이며 고상한 행동이라고 했다. 후에 티베트의 불교도들은 그에게 책임을 전가하지 않았으며, 그의 일종의 일심(一心)을 중심으로 하는 가르치는 정신을 받들어 그를 티베트 "3보의 하나"('3보'란 백목죽파다길걸포와 정객파, 그리고 향채파를 일컬음)라고 칭송하는 노래를 부르기까지 했다.

이는 충분히 종교가 선양하는 “선업(善業)” “계투(戒鬪, 명예가 상하지 않게 경계하는 것 - 역자 주)” “계도(戒盜, 남의 것을 훔치는 일에 대해 경계하는 것 - 역자 주)” 등의 허위성을 폭로해 준다고 하겠다. 향채파 사후 이 일파의 종교 활동은 채파사와 공당사(貢塘寺)의 켄보가 주지했는데, 먼저 그를 모시는 자인 달마훈노(達瑪熏奴)에 의해 장악되었고, 후에는 달마훈노 일가의 후배인 숙질(叔姪)이 계승하였다. 제3 대 째에는 많은 촌락을 겸병하여 권력이 확대되었다. 종교 수령의 계승권은 후에 채파(蔡巴)를 위해 시주했던 갈이(噶爾) 가족의 수중으로 들어가, 채파까쥐교파는 채파 영주의 부속물이 되고 말았다. 당시는 마침 원나라 세조가 위장(衛藏)지구 각 지방의 세력을 1만호 씩 나누어 만호장(萬戶長)으로 책봉할 때였는데, 상결액주(桑結額朱, 갈이가족의 후대로 채파의 만호장으로써 책봉됨)가 1만호의 정교 대권을 장악하게 되었는데, 그의 아들이 만호장이 되었을 때 북경에 조공을 하여 원 세조는 또한 그에게 그의 봉지를 추가해서 주었고, 금인을 하사하였기에 채파는 드디어 전장(前藏)에서의 다른 세력보다 비교적 강대한 1만호가 되었다. 13, 14세기 티베트 각 지방 영주들은 피차간에 이권 쟁탈을 위한 투쟁을 하는 가운데 채파는 비교적 중요한 지방세력이었지만, 후에 파목죽파(帕木竹巴)에게 패하여 봉지(封地)를 빼앗기고 공당사는 불타버렸기에 이로부터 채파까쥐파는 쇠락하였다.

최후에 채파사는 황교의 부속사가 되어 이 파는 완전히 그 명맥이 끊어졌다. 이 파의 승려 중 티베트의 문화에 공헌이 있는 인물은 패파포갈다길(蔡巴褒噶多吉)로 ≪홍사(紅史)≫를 저술했고, 대장경 ≪감주이(甘珠爾)≫를 편집했다.

3) 발융까쥐(拔戎噶擧)

이 일파의 창시자는 달파납결(達波拉結)의 제자 달마왕추(達瑪旺秋)로 그는 라싸 북쪽의 팽역성(彭域城)에서 태어났다. 달파납결이 아주 좋아하고 사랑했던 제자의 하나였다. 1160년 강지(絳地, 후장의 앙인[昂仁]지구)지구에 발융사(拔戎寺)를 건립하고 그곳에 사는 목동들에게 전법을 하여 신도로써 받아들였다. 그가 살아 있는 시간이 아주 길었기에 신도들이 아주 많았다. 그가 사망한 후 직위는 그의 가족들에 의해 계승되어 전해졌다. 후에 가족 중 여러 차례 서로 간에 권력 쟁탈이 있어 사원의 주지는 계속해서 바뀌었고, 그러는 가운데 가족과 교파 세력도 점점 쇠퇴해 갔다.

4) 파죽까쥐(帕竹噶擧)

이 파의 창시인은 달파납결의 저명한 제자 파목죽파(帕木竹巴)로 본명은 다길걸포(多吉杰布, 1110-1170)였다. 그는 서강지역 남부 지롱내학(止龔乃學) 지방에서 태어나 19세에 어느 한 부자의 시종으로 있으면서 그를 따라 티베트로 들어와 떠돌아다니며 공부를 했다. 그는 까단(噶丹, 도솔천의 의미), 샤카(薩迦), 닝마(寧瑪) 등의 교법(敎法)을 두루 섭렵하였기에 사람들은 그를 "곡찰왜(曲擦娃, 곧 불교에 열심인 사람)"라고 불렀다. 그는 후에 달파납결(達波拉結)을 배알하며 스승으로 삼고 달파납결이 제창한 교법을 계승했다. 달파납결이 사망하자 파목죽파는 다시 후장(後藏)으로 가서 살흠포갈녕포(薩欽褒噶寧布)를 회견하고 까쥐 교법(敎法)을 담론하고자 했다, 그러나 살흠(薩欽)이 그와 불법에 대해 이야기 나누는 것을 원하지 않자 그는 그저 서강(西康)지구의 고향으로 돌아올 수밖에 없었다. 그리고 채강(蔡崗)지역에서 법을 전하고 신도를 받아들이자 제자가 점점 많아 졌고, 5년 사이에 그의 이름이 사방으로 퍼져나갔다. 1158년에 49세가 되자 그는 전장(前藏)의 파목죽(帕木竹)지방(산남택당[山南澤當]지방)에다 유명한 단살체사(丹薩替寺)를 건립했고, 이후 13년간 이곳에서 거주하다가 죽음을 맞이했다. 그는 이 지파를 파목죽파라고 칭하고 간칭하여 파죽까쥐라고 한 것은 이로 인해 그가 파목죽파로 칭해졌기 때문이다

파목죽파는 단살체사를 주지함으로써 파죽지방 낭씨(朗氏)가족(전하는 말에 의하면 토번시기의 귀족 후예라고 함)과 서로 결합하여 낭씨가족 성원들에 의해 계승되어 단살체사의 사주가 충당되었으며, 이로써 하나의 비교적 강대한 정교합일 조직이 형성되었다. 1268년 낭씨는 원나라로부터 13만호의 하나로 봉해졌고, 만호장(萬戶長)은 단살체사 주지의 추천에 의해 원나라에 보고하여 선정원(宣政院)으로 임명되어 "적본(赤本)"이라 칭해졌는데, 후에 또한 단살체사 사주가 직접 겸임하는 것으로 변하면서 "라본(喇本)"으로 고쳐졌다. 이 또한 티베트지방의 정교결합의 일종 형식이었다. 14세기 중기 낭씨 강곡현찬(絳曲堅贊, 1302-1364)이 만호장을 계승한 후 위장의 대부분 지역을 겸병했다. 1354년 파죽지방 정권을 건립하고 제실(第悉)이라는 직책을 설치하여 행정수령이 되었다. 그리하여 대대로 사카지방의 정권을 취했고, 원나라에 "대사도(大司徒)"의 봉호를 내려줄 것을 요청했다. 강곡견찬은 위장 대부분의 지역을 통치한 티베트의 봉건농노제 경제와 행정제도에 대해서 일계열의 새로운 조치를 취했다. 그러나 비교적 보편적으로 농노주장원제를 추진했고, 종(宗)으로써 기층의 행정단위로 할 것을 규정했다. 그리고 송찬간보 이래의 역대 법률을 모아서 봉건농노제 법전을 집성하여 "십육법(十六法)"이라고 칭했다. 이들은 후일 티베트지구의

통치자들에게 대부분 받아들여져 티베트 봉건농노제도의 형성과 발전에 큰 영향을 주었다. 1406년 파죽지방 정권의 수령 짜바견찬(1374-1432)은 명나라 성조(成祖)에게서 "천화왕(闡化王)"으로 봉해졌고, 파죽집단의 티베트 통치가 전성기를 맞이하게 되었다. 파죽까쥐와 낭씨 가족이 건립한 티베트 정교합일의 지방정권은 위장지구를 130여 년간이나 오래도록 통치했고, 강구(康區)지역에도 비교적 큰 노력과 영향을 미쳤다. 1481년에야 비로소 그 속부인 후장의 인방파에 패했으나 여전히 상존했고, 1618년까지 비로소 완전히 그 세력을 잃었다.

파죽까쥐파는 또한 하나의 중요한 사원이 있었는데, 그 사원은 택당사(擇當寺, 지금의 산남 택당지방에 있었음)라고 했는데, 1351년에 강곡견찬이 건립한 것이다. 단살체사(丹薩替寺)는 밀법을 수행하는 것을 위주로 했는데, 택당사는 현종의 경을 강론한 것이 위주였다. 택당사는 경을 전수하고 경을 배우는 파죽까쥐파에 한하는 것이 아니라 기타 파계 사람들도 참가하도록 허락하여 당시로서는 아주 호소력 있는 하나의 사원이었다. 파죽집단은 각 종교 파계별로 병존하는 것을 지지했는데, 정객파가 거루파(格魯派)를 창립할 때 천화왕 짜바견찬의 크나큰 지지를 얻을 수 있었기에 라싸에서 그가 전소대회를 거행했던 것은 감단사를 건립하기 위함에서였다. 왜냐하면 당시 봉건농노제 사회는 비교적 안정적인 상황 하에 있었기 때문에 이렇게 하는 것만이 종교가 노동군중에 대해 마취작용을 강화할 수 있었기 때문이었고, 특히 봉건농노주 계급의 통치 지위를 공고히 할 수 있는 목적을 이루는데 효과적이었기 때문이었다.

파죽까쥐의 8개 지부는 디궁파인흠패(止貢巴仁欽貝)가 건립한 디궁까쥐(止貢噶擧), 달롱당파찰서패(達壟塘巴扎西貝)가 건립한 달롱까쥐(達壟噶擧), 임열백마다길(林熱白瑪多吉)이 건립한 죽파까쥐(竹巴噶擧),

격단익서승격(格丹益西僧格)이 건립한 아상까쥐(雅桑噶擧), 걸찰(杰擦)과 포단(褒丹) 형제가 건립한 탁포까쥐(卓浦噶擧), 결공초신승격(結貢楚臣僧格)이 건립한 수색까쥐(修色噶擧), 익서자파(益西孜巴)가 건립한 야파가쥐(耶巴噶擧), 마창서요승격(瑪倉西繞僧格)이 건립한 마창까쥐(瑪倉噶擧)등이었다. 후에 디굼파(止貢巴), 달농파(達壟巴), 주파(主巴) 등 3개의 지파가 경제적 능력이 웅후했거나, 혹은 실력이 비교적 강한 지방세력과 결합하여 권리를 쟁탈하는 가운데 역량과 영향을 확대하여 갔으나, 기타 5개 지파는 겸병되거나 스스로 궤멸되고 말았다.

까쥐파는 그 파계가 엄청나게 복잡했으나 그들의 교의와 교법의 기본은 대동소이했다. 모두가 마이파, 미납일파를 전승했기 때문인데, 용수(龍樹)의 "중관론"을 기초로 하여 독특한 "대수인법(大手印法)"을 창립했다. 이법은 "공성(空性)"을 주장하는데 세계상의 일체 모든 것은 "공"이라고 생각하여 마음까지도 '공(空)'이라는 것이었다.

"대수인법"은 일종의 현밀겸수의 교법으로, 즉 법을 수련하는 사람은 자신의 마음을 오로지 하나의 경지에 두고 자기의 사상이 흔들리지 않게 하며, 분별(혼란과 모순을 일으키지 않도록 해야 한다는 뜻)이 일어나게 하지 않게 해야 하며, 이것이 오래되면 오래될수록 소위 "선정(禪定)"에 이를 수 있게 되며, 그런 후에야 자신의 머리부터 발끝까지 자신의 마음이 어떤 경지에 있는지를 관찰할 수 있게 됨으로 해서 자신의 "마음"이 어디에 있는지를 볼 수가 있게 되는데, 어디에 있는지 발견하지를 못하게 되었을 때면 결국은 그 마음이 실제 있는 것이 아니라 "공"이라는 것을 명백히 알게 해 주는 것이라고 하여, 이것이 바로 "공지(空智)가 해탈하여 합일"이 되는 경지에 이르렀다고 하는 것으로, 수행에 의해 "부처가 되었다"고 할 수 있는 것이라고 했다.

밀법에서는 고통스럽게 수행하는 법을 채용하고 있는데, 먼저 "굴화정(掘火定)"을 수행하는 것으로부터 시작해서 기공을 하는 방법과 유사한 방법을 이용하여 배고픔과 추위에 저항(법을 수행하는 사람은 의복을 간단하게 입고 먹는 것을 적게 하기를 요구함)하고 불교도가 오염된 수련을 하지 않았다면 "칼을 삼키고 불을 토해내며, 몸을 날 수 없게 할 수 있다"고 했던 것이다. 까쥐파의 최고 수행법은 "무상유가밀(無上瑜珈密)"로 남녀가 함께 수행하는 법이었다.

"대수인법"의 "선정(禪定)"의 경계는 "모든 것이 하나의 맛이다(萬有一味)" "원망하거나 친한 것은 평등한 것이다(怨親平等)" "오염되고 깨끗한 것은 차별이 없다(染淨無別)"라는 사상을 널리 알려 주관주의적으로 세계의 통일성을 과장하여 사물의 모순이 존재하는 것을 부인하였고, 사물의 특수성을 부인하였던 것이다. 이는 의심할 것도 없이 이러한 사상은 착취계급에게 십분 유리한 것으로, 이는 계급 간의 모순을 말살시키고 계급투쟁을 조정케 하는 작용을 하게 했던 것이다.

5. 기타 교파

1) 희해파(希解派)

"희해"는 티베트어의 음역으로 그 뜻은 "능적(能寂, 곧 석가모니불 – 역자 주)"이다. 이 파의 승려들은 그들의 교의와 교법에 의지하면 살고 죽는 것(生死)과 전전하여 바뀌는 것(流轉)을 멈출 수 있고, 일체의 고뇌 및 그 근원을 소멸시킬 수 있다고 하여 이름을 희해라고 하였다고 생각하였다. 이 파는 11세기 말 인도의 승려 단파상결이 티베트에 들어와 전승한 것이 세 개가 있는데, 곧 전, 중, 후 삼전으로 이는 또한 단파상결이 세 시기 동안 다른 티베트인들에게 이러한 교법 3종을 전수했다고 할 수 있다. 그의 전전(前傳) 제자는 납구유색(拉究維色)이고, 중전(中傳) 제자는 마각길희요(瑪却吉喜繞), 색구근돈발(色究根敦拔), 강익서견찬(强益西堅贊, 중전 계통은 후에 또한 몇 개의 지파로 나뉘었다)이었고, 후전(後傳) 제자는 보살포갈(菩薩褒噶), 파찰공파(巴擦貢巴), 걸왜등내(杰娃登內) 등이었다. 이 파는 세상을 피해 고된 수행을 하는 것을 중시했다. 그래서 승려들은 거친 산 속 숲이 많은 분묘 및 장례식장 등 인적이 드문 곳에서 단독으로 수행을 하였는데, 심지어는 절식하거나 몸을 돌보지 않는 등의 활동까지 했다. 스스로 자신을 탁마하여 자신을 최대한 남기려 하지 않았다. 이 일파는 사원을 건립하지 않았고, 통일된 조직도 없었다. 14세기 말에 이르러 점차 실전되어 갔다.

2) 각우파(覺宇派)

각우에 대한 티베트어 문장에는 두 가지 법의(法意)가 있었다. 이전의 한 뜻은 "단경(斷經)"으로, 이는 이 파의 교법이 사람들의 번뇌를 능히 단절시키고 제거해 줄 수 있어 열반의 경계에 이르게 할 수 있다는 것을 가리킨다. 이후의 한 뜻은 "행경(行境)"이라는 것으로 이 파의 교법이 마음 혹은 사유활동을 통해서 우주 본체에 대해 "일체개공"이라는 인식이 있다는 것을 가리키는데, 이로부터 성불의 경계에 이르게 된다고 하였다. 이 파도 인도 승려 다파상결이 전한 것으로 티베트에는 두 가지 전승이 있다. 마열색파(瑪熱色波)에 의해 전해 내려온 것으로 "빈각(頻覺)"이라는 것과 노준마(勞准瑪)에 의해 전해 내려온 "마각(摩覺, 곧 여전각우법[女傳覺宇法])"이라고 칭해지는 것이 그것들이었다.

3) 각낭파(覺囊派)

이 파의 창시인은 역마이각다길(域摩彌覺多吉)이다. 그의 5전 제자 토개존주(土介尊珠)가 각마랑건사(覺摩朗建寺, 후장의 납자현[拉孜縣]에 있음)에 있었기 때문에 그 파의 이름을 얻게 되었다. 토개돈주의 제자 독박파(篤朴巴)가 도래하면서 이 파가 흥성하기 시작했다. 황교의 창시인 총카파는 이미 독박파의 저명한 제자 살상마저반흠(薩桑瑪底班欽)과 교열남걸(喬列南杰)에게서 법을 배웠었다.

16세기 말에서 17세기 초에 걸쳐서 이 파는 한 저명한 승려인 다라나타(多羅那他, 초기의 이름은 포갈녕포[褒噶寧布])가 나타나 몇 부의 각낭파 교의에 관한 책을 저술했다. 1608년 티베트에 온 인도 승려의 구술에 의하면 그가 일부의 인도불교사를 썼다고 한다. 다라나타는 장파칸(藏巴汗) 팽조남걸의 지지 하에서 1610년 각낭사(覺朗寺) 부근에서 달단팽조림사(達丹彭措林寺)를 건립한 지 얼마 후에 그는 또한 외몽고 칸의 초청을 받아 몽고 지방에 가서 전교를 20여 년간 했고, 몽고 칸의 신임을 받아 그가 "철포준단파(哲布尊丹巴)"라고 칭해졌다고 한다. 그가 티베트를 떠나기 전에 4세 달라이가 그에게 "매달리(邁達理, 곧 미륵불[彌勒佛]이라는 뜻)"라는 칭호를 주었고, 1634년에 고윤(庫倫)에서 사망하자 다음 해에 토사도칸(土謝圖汗)의 한 아이를 얻었는데, 다라나타의 전세(轉世)라고 생각해서 철포준단파(哲布尊丹巴) 1세로 했다.

이 파의 교의는 "타공견(他空見)"이 핵심이었다. 즉 세상의 일체 만물은 모두가 그의 진실한 체성(體性)이 있는데, 이 진실한 체성 본신을 성공(性空)이라고 말할 수 없다는 것이고, 사람의 "허망분별(虛妄分別)"에 의해 증가해 가는 것이야말로 성공(性空)이라고 할 수 있다는 것이다, 사물의 본신은 사물의 "자(自)"로서 사람이 사물 위에서 더 인식하는 "타(他)"야말로 성공이라고 할 수 있다는 것으로, 오로지 "타공(他空)"이라고 말할 수 있는 것이야말로 "자공(自空)"이라고 할 수 있다는 것이었다. 근본적으로 객관사물을 부인하는 것으로부터 인식을 할 수 있다는 것이다. 타공견(他空見)은 사물 모두에게 그의 실성(實

性)이 있다고 생각하였고, 또한 일제 군중에게는 모두 불성이 있다는 데로까지 연결시켰다. 중생의 불성과 부처의 불성은 둘도 아니고 구별도 없다고 하였고, 또한 일체의 인식하는 것 모두를 "타공(他空)"으로 생각했다. 부처의 인식 또한 "타공"이라고 했고, 이들 모두는 부처의 절대 권위를 부인할 수 있다는 데까지 이르게 했다. 그래서 기타 교파는 "외도사설(外道邪說)"이라고 인식하기에 이르렀다. 황교가 득세한 후 5세 달라이는 강제수단을 채용하여 달단팽조림사를 황교사원으로 바꾸었다. 이름도 감단팽조림사(甘丹彭措林寺)로 바꾸었다. 더불어서 각낭파를 압박하여 황교로 개종하라고 했다. 동시에 이 파의 경서, 각판 모두를 봉폐해 버리고 세상에 전해지는 것을 허락하지 않았다. 이로부터 각낭파는 전해지지 않게 되었다.

4) 하노파(夏魯派)

이 파의 창시인은 포돈인흠주(布敦人欽朱, 1290-1364, 통상적으로 포돈[布敦]이라고 불리었고, 원나라시기에 복사단[卜思端]으로 번역되었다)로 그가 하노사(夏魯寺, 일객칙서[日喀則西]지역에 있음)의 주지를 역임했었기에 하노파라고 칭해지게 되었다. 포돈은 티베트 종교사상 저명한 인물로 티베트 불교에 대해 광범위 하게 깊이 연구했고, 저작물은 약 200여 종이나 되었다. 현밀 두 종의 경전을 대량으로 정리했고, 감수하고 주석을 다는 일을 했다. 그는 또한 대장경 ≪단주이(丹珠爾)≫ 부의 편찬자이기도 했다. 1322년 그는 일부의 티베트불교사를 썼는데 곧 ≪보절불교사(普逝佛教史)≫로, 다른 이름으로는 ≪포돈불교사(布敦佛教史)≫라고 불리었다. 이는 인도불교와 티베트 불교를 연구하는데 중요한 역사 저서이다.

제5장

거루파(格魯派[황교(黃敎)])

거루파는 티베트불교 종파 중 형성시기가 가장 늦은 교파이다. “거루”는 “선율(善律)”이라는 뜻으로, 승려집단의 계급과 계율이 엄격하며 교의가 완비된 것을 말한다. 또한 이 파의 승려는 황색 옷과 모자를 썼으므로 “황교”라고도 불려졌다.

황교는 티베트불교 중 집대성된 하나의 교파이다. 약 15세기 초 총카파에 의해서 창립되었다. 1409년 감단사(甘單寺)를 건립하여 이 파가 정식으로 성립되었음을 표식으로 삼았다. 황교의 세력은 아주 방대해서 그 영향이 매우 컸으며, 기타 교파하고는 비교할 수가 없을 정도였다. 황교의 탄생으로 말미암아 티베트의 유심주의 사상체계는 완전히 계통화 되어 티베트 봉건농노제도를 공고히 하는데 거대한 정신적 지주가 되었다. 또한 황교는 티베트의 정교합일제도가 완비되도록 촉진시켜 주었고, 봉건농노주의 정권을 강화시켰으며 종교 세력으로 하여금 각 영역에 침투해 들어가도록 하여 티베트 사회에 극심한 영향을 가져다주었다.

1. 거루파 출현의 역사적 배경

거루파는 15세기 초에 나타났는데 파죽지방이 정권을 잡은 시기였다. 14세기 중기 파죽지방정권은 샤카지방정권을 대신하여 통치한 후 일계열의 조치를 실시했는데 그것은 티베트사회의 봉건질서를 공고히 하고 건전하게 하여 티베트의 봉건농노제도를 날이 갈수록 완전하게 했다. 파죽지방정권은 장원경제를 건립했을 뿐만이 아니라 이 종(宗)의 행정기구를 설치하여 티베트의 봉건법제를 완비하는 외에 종교를 적극적으로 이용하여 봉건농노지주 계급의 이익을 위해 복무케 하였다. 피죽집단은 비록 티베트불교의 한 계파에 속했지만, 그러나 기타 계파에 대해 배척하지 않고 티베트불교 각파 세력의 존재와 발전을 용인하고 지지해 주었다. 이러한 조치는 각 계파 간의 투쟁을 잠시나마 중지케 했고, 노동군중에 대해 기만하고 착취하는 쪽에 정력을 집중하게 했다. 이와 동시에 명왕조가 건립된 후 원나라가 티베트에 대한 기본적 통치방법을 그대로 따라하여 티베트 종교 각 계파별로 일률적으로 지지해 주었고 지원해 주어 각 계파별 수령에게 서로 다른 봉호(封號)를 하사했다. 그중 최고는 "법왕(法王)"(모두 3개의 법왕을 봉했는데, 대보법왕[大宝法王], 대승법왕[大乘法王], 대자법왕[大慈法王]임)이었다. 그 다음이 "왕(王)"(모두 5개의 왕을 봉했는데, 찬선왕[贊善王], 호교왕[護教王], 간화왕[間化王], 천교왕[闡教王], 보교왕[輔教王]임)이었고, 또한 "대구사(大國師)" "국사(國師)" "선사(禪師)" 등의 명호가 있었고, 이들에게 많은 상을 하사했으니, 이는 티베트 각파 세력의 발전을 촉진시켰다.

그러나 각 교파세력의 발전은 티베트 불교의 번영을 가져다주지는 못했다. 당시 각 교파의 상층 라마는 경전을 수양하여 자신을 확립하지 못했고, 세속적인 이익과 녹봉에만 관심이 있었으며, 그들은 봉건적 특권을 이용하여 정치상에서 발호하여 자신들의 욕심만을 채우려했다. 그리하여 경제적인 약탈을 마음대로 하여 재부를 점유했고, 음란하고 사치스런 기생생활을 하였다. 밀법이라는 이름을 빌려 다른 사람의 부녀를 마음대로 빼앗았고, 무고한 노동 대중을 잔악하게 해하였다. 그들은 "경전을 제대로 공부하지 않고, 관정(灌頂, 곧 불교의 한 의식으로 액체를 수행자에게 뿌려 정화시키는 의식 – 역자 주)을 함부로 했고" "사원의 승려는 속인의 복장을 했으며" "계율이라는 것은 어떠한 것도 몰랐다". 이때 일시적으로 티베트 불교는 "병들고 마비되는 형상을 나타냈다"고 했다.(劉立千 ≪續藏史監≫)

각 교파의 이러한 행태는 비단 광대한 노동군중을 더욱 극한 상황에 처하게 하였고 승속 통치계급의 모순을 더욱 가중시켜 날로 종교의 위선적인 면목을 폭로하게 했으며, 종교는 사회상에서 위신을 크게 잃었다. 동시에 사회의 정치적 위기를 가져올 가능성까지 내포하게 되었다. 이는 필연적으로 당시 여러 "머리 있는" 승속 통치계급자들의 주목을 받게되었다.

15세기 초 총카파는 종교에 대한 폐해에 일침을 가하는 "종교개혁"을 단행했다. 그리하여 티베트불교를 교정하여 "잃어가는" 봉건농노제의 정신적 지주로서의 지위를 보장하려고 했다. 총카파의 이러한 행동은 파죽지방 정권의 천화왕(闡化王) 짜바견찬(扎巴堅贊)에게 곧바로 보여 졌고, 동시에 당시 종교적 마취에서 탈피하지 못하고 있던 일부 각계각층 인사들의 옹호를 받게 되었다. 바로 이러한 사회적 배경 하에서 거루파가 시대에 부응하여 나타나게 된 것이다.

2. 총카파(宗喀派)의 "종교개혁"

총카파의 본명은 라상짜바(羅桑扎巴)로 1357년에 태어나 1419년에 사망했고, 청해 황중탑이사(湟中塔爾寺) 지방(티베트인들은 이 지방을 총카(宗喀)라고 불렀다, 그래서 라상짜바를 총카파라고 불렀던 것이다) 사람이고, 한 봉건 관료 집안 출신이었다. 그의 부친은 원나라 말의 "다로하치(達魯花赤 : 관명)"이다. 총카파는 어릴 때부터 경을 배우고 계를 받았다. 17세 전에 현밀경론(顯密經論)에 대한 기초가 이미 세워져 있었다. 17세(1373년)에는 티베트로 가 깊이 불교전적에 대해 공부했다. 그리고 각 교파의 정황을 연구하여 독립적인 종교 활동을 시작했다. 25세(1382년) 때 이미 ≪자시오론(慈氏五論)≫ ≪구사론(俱舍論)≫ ≪양석론(量釋論)≫ ≪입중론(入中論)≫ ≪계경(戒經)≫ 등을 깊이 연구했다. 사원에서 종파를 세우는 답변에서 나름대로의 영향을 일으켰다. 36세(1391년)에는 경을 강론하고 신도들을 받아들이기 시작했다. 이후 또한 계통적으로 밀종경전을 학습했다. 사카파의 "도과법(道果法)", 까쥐파의 "대수인법(大手印法)"과 "나요육법(那繞六法)" 등을 연구했다. 동시에 스승들을 찾아갔고 친구들을 방문하여 의구심을 해결했다. 이어서 연속해서 수년 간 갈당파의 교법과 ≪보리도차제(菩提道次第)≫ ≪성교차제(聖教次第)≫ ≪중론불호석(中論佛護釋)≫ 등의 경전을 배웠다.

중관성공(中觀性空)에 대해 깊이 이해하여 자신의 사상체계를 형성했다. 이러한 체계는 바로 종교 유심주의적 성공론(性空論)을 기초로 한 것이었고, 티베트의 각 교파가 전하고 있는 현밀교법을 종합한 것으로 실천과 수행을 통한 증명 위주였다. 이와 동시에 총카파는 적극적으로 자신의 사상체계를 모든 행동에 부쳐서 "종교개혁"을 진행하여 "황교"를 창립하였던 것이다. 그가 취한 주요한 조치들은 다음과 같다.

1) 티베트불교 각 교파의 교의교법을 받아들이고 축약하여 하나의 커다란 것으로 집대성했으며, 차례로 교의교법을 계통적으로 정연하게 정리해 갔다. 그는 각 교파의 장점을 흡수하여 이를 하나로 모았기 때문에 기타 다른 계파의 교의교법에 비해서 계통적이고 완전했으며, 정밀함이 눈에 띄게 달랐다. 그리하여 티베트 불교 교의교법의 새로운 고도적 이론을 제시하였다. 그러나 그는 또한 각 교파의 특징을 보호 유지하였기에 군중 입장에서 본다면 완전히 낯선 것이 아니었으므로 쉽게 신도들을 불러들일 수 있었고 널리 전파해 나갈 수 있었던 것이다.

2) 총카파는 당시 각 교파 계율이 너무 해이해 져 가는 데에 일침을 가하여 교풍이 파괴되어 가는 문제에 대해서 엄격한 청규와 계율을 제시했으며, 승려는 반드시 이를 엄격히 준수해야 할 것을 요구했다. 1388년 총카파는 황색의 승려 모자를 쓰게 하여 그가 엄격히 계율을 지킨다고 하는 표식이 되도록 했다. 1395년 정고사(精古寺)에서 미륵

불 비구 의상 한 벌을 공양하였는데, 그 뜻은 이를 이용하여 승려가 계율을 엄격히 지키도록 강조하는데 있었다. 총카파는 승려가 처자를 두거나 아이를 낳는 것을 엄격히 경계했고 생산을 위한 노동에 참가토록 하였으며, 승려는 반드시 시원에서 상주하도록 했다. 이는 승속 간의 경계를 엄격히 구분하려 한 것이고, 조직적으로 사원과 승속의 안정성을 보증하고자 함이었으며, 승려들로 하여금 "속세의 먼지에 오염되지 않게 함"이었다. 이는 바로 전심으로 종교 활동을 하도록 하는 하나의 의지의 표지였다. 그리하여 사원의 구습을 일체 없애 버리고 티베트불교의 위망을 새롭게 심기 위함에서였다.

3) 저서를 내어 논리를 세웠고, 경전을 찬술했다. 총카파는 대량의 불교경전을 깊이 연구한 기초 위에서 1402년 ≪보리도차제광론(菩提道次第廣論)≫을 찬술했다. 1406년에는 또한 ≪밀종도차제(密宗道次第)≫를 찬술했다. 이 두 부의 저서는 불교 현밀 양종의 요지를 논술했고, 그의 종교체계 전부를 개괄하여 황교의 사상기초를 확정해 놓았다. 이후 그는 또한 대량의 저서들을 찬술했다. 어떤 것은 승려의 계율을 강조했는데, 예를 들면 ≪보살계품석(菩薩戒品釋)≫ ≪사사오십송역(事師五十頌驛)≫ ≪밀종십사근본계석(密宗十四根本戒釋)≫ 등이었고, 어떤 것은 불교의 유심주의 철학에 대한 견해를 해석해 놓은 것도 있었는데, 예를 들면 ≪중론광석(中論廣釋)≫ ≪변료불료의론(辨了不了議論)≫ 등이 그것들이다. 종합하면 총카파는 종교이론을 정립해 놓는 것을 매우 중시했고, 그는 이들 저서를 통해 그의 사상적 주장을 문자로 서술했으며, 이렇게 하여 널리 전해지게 하였으니, 일후 황교의 이론 근거와 행동준칙을 세웠던 것이다.

4) 이전의 사원을 부흥시켰고 새로운 사원을 건립하여 종교의 거점으로 삼았다. 총카파는 1393년에 무리를 이끌고 10세기에 수리 건축한

정고사(精古寺)에 가서 미륵불상을 참배하며 발원(發願)을 했다. 다음 해에는 또한 아객종(阿喀宗) 종본(宗本) 부자에게 사원의 지붕을 고치기를 권하여 스스로 출자하여 전당의 회화를 채색케 하여 일신케 하였고, 자신의 종교적 위망을 제고시키며 영향을 확대시켰다. 그는 1409년에 파죽정권 및 그에 속해 있는 귀족 인흠패(仁欽貝) 부자에게 시주케 하여 라싸 동쪽에 감단사(甘丹寺)를 창건케 하여 황교 창립의 표식으로 삼게 했다. 1416년 총카파는 또한 그의 제자 가앙곡길(加央曲吉)에게 명하여 파죽(帕竹)정권 내 오종(鄔宗) 종본(宗本)의 지지 하에서 라싸 서쪽에 철방사(哲蚌寺)를 건립케 했으며, 1419년 총카파(宗喀巴)가 서거한 같은 해에 다른 제자 융청곡길(絨青曲吉)에게 또한 라싸 북쪽에다 색납사(索拉寺)를 건립케 하여, 황교 3대사의 건립을 완성시켜 황교가 이후 안정되게 발전할 수 있는 기초를 세워놓았다.

5) 널리 문도를 받아들여 계승자를 물색하는 일을 중시하였다. 총카파는 전교하기 시작한 전기에는 문도가 그리 많지 않았다. 전하는 바에 의하면 30여 인 정도였다. 후에 드디어 문도를 널리 받아들이는 것을 중시하게 되었다. 그가 감단사를 건립한 목적의 하나는 "신도들을 길러내는 것"이었다. 전해지는 바에 의하면 그는 엄격한 선발을 통해 높은 수준의 신도 8명을 선발하였느니, 즉 갑조결(甲曹結), 개주경(凱朱耕, 1세 판첸), 두승(杜曾), 예파견찬(札巴堅贊), 가앙곡길(加央曲吉), 융청곡길(絨青曲吉), 다돈(多敦), 강백갸초(江白嘉措), 길존(吉尊), 희요승격(喜繞僧格), 근돈주파(根敦珠巴, 1세 달라이) 등이었다. 이 문도들은 후에 황교를 전파하고 발전시키는 과정에서 모두가 중대한 작용을 하였다.

6) 밖으로 나가 경을 선전했고, 법회를 창립하여 사회에 적극적인 영향을 미치게 했다. 1397년 총카파는 섭지요종사(聶地繞鐘寺)에서 법

회를 열었고, 각 지방세력에 연락하는 기회를 비러 사회에 대한 영향을 확대했으며, 특별히 1409년 총카파는 파죽정권의 천화왕(闡化王) 짜바현찬(扎巴堅贊)의 지지 하에 라싸의 대소사(大昭寺)에서 거대한 규모의 기원법회(후에 통칭되고 있는 전소대회)를 열어 자신의 몸값을 최고로 극대화 시켰고, 그로 하여금 전 티베트불교의 최고 상층 인물이 되게 하였다.

7) 기타 종교를 농락(籠絡)하여 자신의 세력 범위를 확충시켰다. 총카파는 법회를 거행했을 뿐만 아니라 각종 종교 활동을 통해서 기타 교파들과 연계하는데 적극적인 힘을 기울였으며, 또한 기회만 있으면 그 교파를 향해서 세력을 확충하였다. 그는 은어시(隱語詩)의 형식으로 자신은 간덴파 조사 아저협(阿底狹)으로부터 전세(轉世)되었다고 선전했으며, 당시 조직이 분산된 간덴파에 속해 있었던 각 사원들을 황교로 개종하게 하여 황교의 발전을 가속시켰다.

8) 티베트 각 지방의 봉건영주와 널리 연계하면서 파죽지방 정권과 명나라 중앙정권의 지지를 쟁취하고 이용하는 일에 적극적이었다. 총카파가 창립한 황교와 이왕의 각 교파는 달랐는데, 그것은 어느 한 지방의 봉건영주에게만 의지하는 것이 아니라 각 지방 세력에게 문호를 개방하여 그들로부터 공동의 지지를 얻어냈던 것이다. 총카파는 파죽지방 정권에 적극적으로 의지하는 외에 적극적으로 명나라 중앙정권의 지지도 쟁취하려고 노력했다. 1415년 총카파는 제자 융청곡길을 북경으로 보내 조공을 했고, 명 성조(成祖)는 그를 "서천불자대국사(西天佛子大國師)"로 봉했다. 후에 명 선종(宣宗)은 또한 "대자법왕(大慈法王)"으로 봉했다. 이로부터 황교는 중앙왕조로부터 확인을 받았고 지위가 더욱 높아졌던 것이다.

3. 거루파 사원 집단의 형성

총카파(宗喀巴)가 사망한 후 그의 문도들은 그의 종교사업을 계승하여 라싸를 중심으로 사방팔방으로 발전시키면서 황교를 크게 전파하는 일에 매진했다. 16세기 중엽에 이르러 전 티베트 규모로 정치경제적 실력이 웅후한 사원집단으로 형성되어 가기 시작했다. 그 지위, 성세, 영향 등은 모두가 대대적으로 티베트의 다른 기타 종파보다 규모가 컸다. 이는 중국의 종교역사상 거의 보기 드문 예였다. 이 독특한 역사현상의 출현은 절대로 우연한 것은 아니었다. 그것은 아주 심각하고 복잡한 자체적인 원인과 사회적 조건 하에서 나타난 현상이었다.

황교의 자체적 원인에 대해서 말한다면 규모가 방대해지고 실력이 웅후한 사원집단이 된 데에는 다음과 같은 원인들이 있었다.

1) 황교는 독립적인 강대한 독립경제를 건립했다. 황교는 시작하자마자 세속 봉건지배계급에 의지하고 활동경비를 얻어냈다. 그것은 다른 교파들과 다른 양상이었다. 후에 각 세속봉건지주의 봉사(奉賜), 보시, 증송(増送)과 기타 황교 자신들의 기타 다른 수단을 통해 대량의

토지, 목축, 농노를 획득하여 점차 독립적인 사원경제를 형성해 갔다. 그리하여 사원의 장원과 활불, 대 라마의 개인 장원이 나타나게 되었다. 이는 황교사원집단의 형성은 물질적 조건을 제공하게 되었을 뿐만이 아니라 경제와 정치상에서 세속봉건지주의 지위에 의지하던 것을 어느 정도 탈피하였음을 말해주는 것이었다.

2) 황교의 승려들은 부인을 취하지 않고 아이를 가지려 하지 않았기 때문에 노동에 종사하지 않고 장기적으로 사원에 거주함으로써 엄격하게 승속의 경계를 확실하게 긋고 있었다. 이왕의 각 교파는 승속간의 관계가 그다지 엄격하게 그 경계선을 긋고 있지 않았기 때문에 자신의 집에 항상 거주했고, 농업과 상업을 겸하여 경영했고, 또한 부인을 취해 아이를 낳았으므로 속인과 같았다. 그리하여 사회상에서 승려계층의 신분이 안정되지를 않았기에 종교를 전파하는데 매우 불리했다. 그러나 황교는 달랐다. 황교는 승려가 노동에 종사하지 않고, 속무(俗務)에 관여 하지 않았고, 부인과 아이를 취하지 않았으며, 사원에서 장기 거주함으로서 이것이 승속의 경계가 엄격하게 나눠지게 되는 계기가 되었다. 그리하여 승려는 사회의 독특한 계층으로 변하게 되었던 것이다. 이는 사원 승려들을 아주 안정되게 하고 사회 각 계층이 종교 승려에 대한 간섭을 감소시키는 배경이 되었다. 이로써 사원은 승려들에 의해 관리하고 요구하게 되어 그들은 집단적으로 종교 활동에 집중할 수 있는 환경을 보증해 주게 되었다. 동시에 승려들이 오랫동안 사원에 거주하게 되었기 때문에 사원의 숫자가 점점 확대되게 되었고, 건축규모도 커지게 되어 각 지역에 많은 사원 건축 군이 출현되게 되었다. 예를 들면 라싸의 3대사가 바로 이러한 건축 군이었다. 이들 웅장한 사원 건축 군의 출현은 황교의 사회적 영향을 더욱 높였고, 황교 사원집단의 형성을 촉진시켰으며, 또한 중대한 작용을 일으키게

하였다.

3) 황교는 이전 교파의 교의와 교법을 모두 겸하고 축적하여 이를 집대성해 놓았다. 황교는 까쥐파의 교의 교법을 주종으로 하였고, 동시에 기타 다른 교파의 교의교법을 널리 흡수하였기에 황교를 널리 선전하는데 유리한 조건을 조공해 주었다. 사회적으로 많은 승려인사들이 심지어 원래 자신이 속해 있던 사원으로부터 황교로 개종하는 자들도 날로 늘어갔다.

4) 황교는 라싸 3대사(감단사, 철방사, 색랍사)와 일객칙찰십윤포사(日喀則扎什倫布寺)를 핵심으로 하여 전 티베트의 사원 망을 조직했다. 총카파는 자기는 아띠샤(간덴파의 조사)의 전세라고 칭하고, 당시 조직이 산만했던 간덴파에 속해 있던 각 사원들을 황교로 개종시켰다. 이로부터 자신의 세력을 장대하게 했고 자신의 영향을 확대해 갔다. 이를 기초로 해서 여기에다 황교 자신이 건축한 사원과 각지에서 황교로 개종한 기타 사원에 대해 3대사를 중심으로 전 티베트에다 황교집단 사원의 망을 조직해 놓았으며, 크고 작은 절 사이에는 층층의 예속관계를 건립해 놓아 모자사(母子寺, 주사[主寺]와 속사[屬寺])를 형성케 하여 전 티베트 황교의 크고 작은 사원을 망라하여 엄밀한 체계화를 구축해 놓았다. 경제상에서 각 사원은 모두가 그 사원에 속해 있는 장원을 갖게 되었고, 모자사 간에는 일정한 경제적 연관 관계를 갖게 하여 상대적인 경제 독립성을 갖게 하였다. 정치상에서 모사(母寺)는 권한이 있어 승관을 파견하여 자사(子寺)의 켄보 등 중요 직무를 담당토록 했고, 상주하는 대표를 파견하여 자사의 내외적 대권을 장악토록 하였다. 황교는 이들을 연계시켜 이를 통해 방대한 교단 제도를 조성했고, 엄격하게 각 지방의 종교를 통제했으며, 또한 실제적으로 각지의 경제, 정치, 문화를 통제했다.

5) 황교에 소속되어 있는 각각 크고 작은 절들은 모두가 총카파 "종교개혁"의 내용에 따라 엄밀한 조직과 사원 규모를 건립하여 조금의 뒤바뀜과 어수선해지는 것을 용서하지 않았다. 이는 황교로 하여금 경제의 독립성과 종교의 순결성을 가지게 하였고. 조직상에서 안정화를 꾀할 수 있게 하였다.

6) 황교의 크고 작은 사원은 보편적으로 활불 전세제도를 채용할 수 있게 되었다. 이 제도는 종교의 법통 계승문제를 해결해 주었을 뿐만 아니라, 사원 영도집단으로 하여금 안정된 위치를 보호 유지할 수 있게 하였다. 이로써 내부의 권력투쟁을 피할 수 있게 되었고, 분열을 일으키고 세속 귀족의 사원 영도권에 대한 간섭 등을 피할 수 있게 되었다. 더욱 중요한 것은 활불 전세제도의 추진으로 사원 재산은 합법적인 계승을 할 수 있게 되었고, 또한 명실공이 종교 영수로서의 정치적 지위, 사회적 특권을 정당하게 계승할 수 있게 함으로써, 예전의 사회적 관계를 보호 유지할 수 있게 하면서 또한 사회적 영향을 확대해 갈 수 있게 되어 계속해서 종교 세력을 확대시켜 갈 수가 있게 되었다.

황교세력과 기타 사회세력의 관계상에서 말한다면, 황교는 강대한 사원 집단을 형성하였고, 또한 그렇게 할 수 있는 원인을 찾아내었던 것이다. 황교는 이전의 각 교파가 오로지 단일 지방정권의 봉건세력과 결합했던 국한성을 변화시켜 각지의 지방봉건세력과 널리 결연하는 새로운 방법을 통해서 자신의 세력과 영향을 확대 발전시켰다. 그들은 각지의 봉건지주들이 경제상에서 부여하는 물질과 정치적으로 부여하는 지원에 의존해야 한다는 것을 중시하였고, 또한 될 수 있는 대로 그 독립성을 보호 유지하는 데 주의를 기울여 모 일개 지방 세력에 의지하는 피동적 위치에 빠지지 않도록 하였다. 당연히 황교가 강대한 정치세력을 형성하기 이전에는 반드시 정치권력에 의존하는 것을 찾지 않으면 안 되었으나 이렇게 함으로써 비로소 생존할 수 있는 길을 얻었던 것이고 계속해서 확대 발전해 나갈 수 있었던 것이다. 그래서 총카파가 황교를 창립할 때에 파죽지방 정권의 신임과 지지를 신속하게 획득하는데 노력했던 것이다. 그러나 총카파(宗喀巴)와 그의 문도들은 또한 시종 황교 독립의 경제적, 정치적 시력을 유지 보호하려는데 힘씀으로써 파죽지방 정권에 종속되거나 의존하게 되지는 않았다. 따라서 후일 파죽정권 세력이 쇠퇴할 때 황교는 그리 심각한 영향을 받지 않았던 것이고, 계속해서 갈마지방정권이 일어나 황교를 압박할 때에도 그들은 일정한 역량을 유지하며 그들에게 저항할 수 있었던 것이다.

황교는 비단 티베트 사회의 봉건지배계급과 맺어지고 교류했고, 또한 그들의 실제적 필요성을 위해 지역과 민족의 한계성을 벗어나 몽고족, 한족, 만족 등 통치계급과의 연계를 주동적으로 추진해 갔지만, 이것이 당시의 복잡한 역사적 조건 하에서도 시종 자신들 사원집단의 세력을 유지 보호하고 발전시켜 나갈 수 있었던 것이며, 최종적으로 몽고족 통치계급 구스칸(固始汗) 부(部)의 군사적 역량과 청 왕조의 정치세력의 도움을 얻어 티베트에서의 안정된 통치권을 얻어낼 수 있었던 것이다.

4. 티베트에서 거루파의 통치지위의 확립

황교가 흥기한 이후 파죽지방 정권의 지지 하에서 그 세력은 날로 장대해져 갔다. 더불어서 티베트의 기타 종파 및 지방 봉건세력과의 모순이 발생하게 되었고, 치열한 투쟁이 전개되었다. 15세기 말기로부터 17세기 중반에 걸쳐 3번의 큰 모순과 투쟁이 발생했다. 그동안 종교 계파 간의 상호 투쟁은 승려 귀족과 세속 귀족 간에 상호 결합 혹은 상호 투쟁으로 이어졌고, 이 외에 몽고 귀족 및 명, 청 왕실도 그 사이에 끼어들어 종교 투쟁과 정치 투쟁이 교차하는 아주 복잡한 국면이 되어 버렸다. 그러니 최종적으로 황교집단은 각종 역량을 이용하여 티베트에 대한 통치 권력을 취득했다.

제1차는 거루파와 갈마거파 간의 투쟁이었다. 2세 달라이 근돈갸초(根敦嘉措) 때에 황교는 라싸의 3대사를 중심으로 거점을 형성했는데, 이후 신속하게 외부로 확장해 갔다. 그러는 과정에서 까쥐파의 반대를 접하게 되었다.

1481년 갈마까쥐(噶瑪噶擧)는 인방파(仁蚌派) 가족의 지지 하에 라싸 부근에 두 개의 사원을 건립하여 황교의 세력을 제지했다. 1498년 인방파는 무력으로 라싸를 점령하여 황교에 대해서 압박 제지하는 일을 진행하였고, 황교의 승려들이 길에서 갈마파의 승려를 만나면 필시 공경하게 대해야 하고, 황교 승려들이 1년에 한 번씩 전초대회에 참가할 수 있는 권리를 박탈했다. 후에 갈마까쥐는 디굼까쥐와 연계하여 무력으로 비교적 작은 황교사원을 개종토록 했으며, 황교세력을 없애버리거나 약화시켰다. 1581년에 이르러 파죽지방의 통치세력이 약간 회복되었다. 인방파를 라싸에서 퇴출시키게 되자 황교가 받던 억압상황도 약간 호전되었다. 나아가 투쟁에 적응하는 실력을 쌓기 위해 황교는 활불 전세제도를 채용하여 내부의 단결을 유지하면서 자신의 실력을 장대화 하려고 했다. 다른 한편으로는 적극적으로 대외적인 발전을 위해 티베트 외부 세력의 원조를 쟁취하고자 했다. 3세 달라이 색남갸초는 계속해서 파죽지방 정권의 공양과 보시에 의존하는 한편 서강, 청해, 몽고 등지로 가서 법을 전하고 경을 강론하여 당지의 토사(土司, 중국 변방의 소수민족 자치기관)들과 몽고 칸의 지지를 받아 당지에 사원을 건립하고 세력과 영향을 확대시켰다. 색남갸초는 내몽고로 가는 도중 감주(甘州)를 지날 때 명 왕조와 최초로 교류관계를 수립했다. 이러한 활동은 모두가 이후 황교가 몽고의 통치자와 대륙 중앙정권에 대해 구원을 요청할 수 있게 하여 티베트에서의 통치권을 장악하는데 유리한 조건을 만들어 놓게 하였다. 1565년 인방파아왕궤찰(仁蚌巴阿旺几扎)의 가신 신하파재단다길(辛霞巴才旦多吉)이 후장지방에서 통치를 하던 인방파를 전복시켰다.

자칭 "장퇴걸파(藏堆杰波, 후장 상부[上部]의 왕)"는 즉 짱파칸(藏巴汗)을 말한다. 그는 조부에서 손자까지 3대에 걸친 정벌을 통해 무력으로 전장지방과 후장지방을 모두 통제했다. 1618년 짱파칸은 갈마단

군왕파(噶瑪丹君旺波)라는 이름만 존재했던 파죽정권을 전복시키고 갈마 지방정권을 건립했다.

짱파칸을 전후해서 몇 대를 거치는 가운데 황교에 대해서는 모두 억압적인 태도를 취했다. 그러나 황교가 소멸되는 일은 없었다. 그 중요한 하나의 원인은 자신들의 독립된 경제적 기초와 사회적 영향이 확대되어 있었기 때문이었다. 그러나 후일 4세 달라이 운단갸초(云丹嘉措)가 사망할 때 황교에서는 또한 새로운 위기 상황이 도래했었는데, 짱파칸이 4세 달라이의 전세를 인정하지 않는다는 명을 내렸기 때문이었다. 후에 찰십윤포사(扎什倫布寺) 라상곡길견찬(羅桑曲吉堅贊, 즉 4세 판첸)이 이를 조정하여 해결해 주자 짱파칸이 겨우 그 명령을 회수하여 달라이의 전세를 허락해 주었다. 1622년 산남구결(山南究結)의 아왕라상갸초(阿旺羅桑嘉措)가 "영동(靈童)"으로 선정되자 철방사 좌상(坐床)으로 영입되었으니 이가 곧 5세 달라이다. 이때 막북몽고(漠北蒙古)의 칼카부(喀爾喀部) 취에투칸(却圖汗)이 반 황교 결맹을 결성하여 공동으로 황교를 제거하고자 기도했다. 이와 동시에 강국에서 번교를 신봉하던 자들이 황교를 반대하던 비교적 큰 실력을 가지고 있던 백리(白利) 토사(土司) 돈열다길(敦悅多吉)과 연계하며 저항했다. 황교는 이 두 방면의 적들 앞에서 부득불 외부에 구원을 요청하여 이 곤경을 벗어나지 않으면 안 되게 되었다. 이때 묘하게도 황교를 신봉하는 몽고 호쇼트부(和碩特部)의 쿠시칸(固始汗)이 준가르(准噶爾)의 압박을 받고 있었기 때문에 신장(新疆)으로부터 이동하여 청해(青海)에 와 있었다. 1636년 청해에서 취에투칸(却圖汗)을 체포하여 살해하고부터 이 부(部)의 세력이 점차 강대해졌다. 이는 황교에게 강대한 지지 역량이 되어 주었고, 황교와 쿠시칸 모두가 자신의 정치적 지위를 강화해야겠다는 의도가 있었기에 서로의 필요에 의해서 그들은 연계하면서 하나가 되었다. 1639년 쿠시칸이 군사를 이끌고 서강(西康)지방의 감자(甘孜)를 침입해 들어와 백리(白利) 토사를 궤멸시키고 감자 일대를 점령했다. 1641년 4세 판첸과 5세 달라이의 초청으로 또 다시 군사를 이끌고 티베트로 들어가 짱파칸의 갈마지방 정권을 전복시켰다. 이 때에 이르러 티베트 양대 승려 세력집단의 투쟁이 일어났으나 드디어 황교사원 집단의 전승으로 결말이 나고 말았다.

쿠시칸이 전 티베트의 통치자가 되자 그는 자신의 모든 아들을 목청해(牧靑海)지구로 보내 살게 하면서 강구지역의 세금을 거둬서 그들을 지원했다. 쿠시칸은 6세 달라이를 존중하여 전 티베트의 종교적 영수로 삼았고, 전장과 후장의 세금 전부를 달라이에게 보시했다. 또한 라상곡길견찬에게 "판첸박극다(博克多, 의미는 몽고어로 성자[聖者]라는 뜻)"라는 칭호를 주었고, 그리고 찰십윤포사를 주지하도록 하고 후장지구를 관할토록 했다. 쿠시칸은 라싸에 진을 치고 앉아 정권을 건립했으며 5세 달라이인 제파색남요단(第巴索南饒丹)을 자기 정권의 제파(第巴)로 임명하여 달라이와 연계했다. 그러나 군정대권은 여전히 쿠시칸의 수중에 장악되어 있었다. 그리하여 티베트족의 고급관리는 그에 의해 임명되었고, 지방행정은 그의 서명이 있는 명령이 있어야만 반포되었다. 달목(達木)지방에 살고 있던 몽고 8기(旗)도 그에 의해 장악되었다. 쿠시칸의 지지에 의하여 황교는 아주 빠르게 티베트 종교의 영도권을 얻게 되었고, 많은 황교 사원들이 계속해서 건립되기 시작하였으며, 과거 황교를 반대하던 귀족, 그들의 장원, 농노가 모두 몰수되어져 황교의 사원에 분배되었다. 달라이 판첸 겸 종교 영수와 티베트지구의 대 농노지배계급을 대표하는 이중의 신분을 갖게 되었다.

황교의 수령은 쿠시칸에게 연락하는 동시에 당시의 중앙정권인 명왕조가 풍전등하의 어려움에 처해 있다는 것을 이미 감지하자 자신의 지지자가 될 수 없다고 여겨 적극적으로 만몽(滿蒙)의 강대한 지구의 통치집단과 연계를 맺으려 했다. 4세 판첸과 쿠시칸은 상의하여 공동으로 사자에게 길을 돌아서 변경지방으로 가도록 파견하여 성경(盛京, 오늘날의 심양[沈陽])으로 가서 청 태종을 알현하도록 함으로써 청 왕실은 황교세력의 영향을 알게 되었다. 이후 몽고와 티베트지역에 대한 통치 여건을 창조해 내기 위해서 1642년 황교의 사자가 성경에 도착했을 때, 청 황실은 그에게 극진한 접대를 해주었다. 1644년 청 황실은 북경에 정식으로 중앙정권을 건립한 후 달라이와 통상적으로 사신을 왕래했다. 1652년 5세 달라이는 부름을 받고 북경으로 가서 청 왕실의 융숭한 접대를 받았다. 그리고 지붕 위가 금으로 된 가마를 하사했고, 서황사(西黃寺)를 달라이에게 제공하여 전적으로 수행토록 했다. 다음해에 달라이는 티베트로 돌아왔다. 청 정부는 5세 달라이에게 "서천대선자재불소령천하석교보통와적라항라(西天大善自在佛所領天下釋教普通瓦赤羅怛羅) 달라이라마"라고 책봉했다. 이는 정식으로 달라이에게 종교 영수라는 지위를 확정해 준 것이었다.

두 번째는 달라이를 수령으로 하는 황교집단과 쿠시칸부 몽고 귀족세력 간의 투쟁이었다. 5세 달라이는 정식으로 청나라의 책봉을 받은 후에 그 성망과 위세가 점점 더 높아갔다. 그러나 그는 여전히 티베트 지구 최고의 행정수령은 아니었다. 행정상 필수적으로 쿠시칸 정권을 통해야 작용이 가능했던 것이다. 이는 필시 달라이를 수령으로 하는 사원 집단과 쿠시칸을 위수로 하는 몽고 칸 세력 간의 모순을 조성했고, 1654년 쿠시칸이 사망한 후 이러한 모순은 첨예화되기 시작했다. 1679년에 이르자 상결갸초가 제파(第巴)에 임용되었을 때, 몽고인은 티베트의 사무처리에 극도로 불만을 품고 신강의 준갈이부 갈이단칸(噶爾丹汗)과 손을 잡고 청해로 출병하여 쿠시칸의 손자인 달라한(達羅

汗)의 티베트 통치에 위협을 가했다. 1682년 5세 달라이가 사망하자 상결갸초는 비밀리에 장례를 치르지 아니하고 티베트의 대권을 독점했다. 1696년 강희제가 친히 정복에 나서서 갈이단칸을 궤멸시키고 상결갸초를 엄히 꾸짖자 상결갸초는 은퇴하여 서슬이 시퍼런 청조의 질책을 피했다. 1701년 달라한의 아들 라짱칸이 왕위를 계승했다. 그러자 쌍방의 투쟁은 더욱 극렬하게 되었다. 당시 황교사묘집단의 대권은 여전히 상결갸초가 막후에서 장악하고 있었다. 1705년 상결갸초는 라짱칸을 독살하려다 미수에 그치자 쌍방이 다시 충돌하기에 이르렀다. 그 결과 상결갸초는 싸움에서 지고 피살되고 말았다. 라짱칸은 강희제에게 그 과정을 상주하여 보고했고 6세 달라이 창앙갸초(倉央嘉措)를 폐해줄 것을 간청했다. 강희제는 시랑 혁수(赫壽) 등을 파견하여 티베트로 들어가 처리토록 했다. 그리고는 라짱칸을 "익법공순한(翊法恭順汗)"으로 책봉했다. 창앙갸초는 북경으로 압송되었다. 강희제는 안정된 티베트의 정세를 위하여 1713년 5세 판첸 라상익서를 "판첸객이덕니(額爾德尼)"로 책봉했다. 그리고 그로 하여금 라짱칸이 관리하는 티베트사무에 협조하라고 했다. 얼마 후 준갈이부의 책왕납포단(策旺拉布丹, 갈이단[噶爾坦]의 조카)이 군대를 이끌고 티베트에 들어왔다. 1717년 라싸를 포위 공격하여 라짱칸을 살해했고, 달자파납걸요단(達仔巴拉杰繞丹)의 제파(第巴)에게 명하여 전 티베트에 관한 정무를 관리토록 했다. 이에 이르러 티베트를 75년 넘게 통제한 쿠시칸 정권이 끝났으니, 이 투쟁으로 종식을 고했던 것이다.

그러나 당시 티베트의 행정대권은 여전히 달라이가 장악하고 있었다. 그리고 일부분을 세속 귀족의 수중으로 이전시켰다. 1720년 청 정부는 대군을 티베트로 보내 준갈이부를 평정하고 티베트의 국세를 안정시켰다. 강희제는 비록 제파의 직위를 폐하도록 명령했으나, 그러나 또한 7세 달라이에게 "홍법각중(弘法覺衆)"이라는 봉호를 주었고, 실제상 재차 달라이의 종교 영수로서의 지위를 인정해 주었다. 그러나 행정권력을 주지는 않았으나 티베트의 행정사무는 관리토록 했다. 그 외에 티베트 왕 강제내(康濟鼐)와 4명의 세속 귀족 즉 가룬(噶倫), 아이포파(阿爾布巴), 살포내(薩布鼐), 찰이내(扎爾鼐)에게도 이를 담당하도록 했던 것이다.

청왕조는 티베트에서 정교분권이라는 조치를 취했다. 이는 필연적으로 황교집단과 귀족집단 간의 모순, 각 세속 귀족 간의 새로운 모순 등을 형성하게 되어 티베트 지구는 또 다시 계속해서 통치집단 내부의 권력 탈취를 위한 투쟁을 발생케 했다. 1727년 가룬아이포파(噶倫阿爾布巴)를 위수로 하는 귀족세력이 강제내(康濟鼐)를 모함하여 해하였고, 준갈이부와 연합하는 걸 기도하여 외부 지원을 받으며 청 중앙정부에 반기를 들었다. 청나라 군대가 아직 티베트로 들어오지 않았을 때, 파라내(頗羅鼐)가 군대를 이끌고 후장(後藏)으로부터 라싸로 들어와 반란을 평정했다. 파라내는 공을 인정받아 청나라로부터 티베트왕으로 봉해져, 전 티베트를 총괄했다. 청나라 옹정제는 티베트에서 변란이 계속 일어나자 주장대신 2인을 파견하여 다스리도록 했고, 티베트로 많은 병사를 파견하여 주둔시키기로 결정했다.

1747년 파라내가 사망하자 그 아들 주이묵특나목찰륵(珠爾默特那木扎勒)이 티베트 왕을 계승했다. 그는 야심이 많아서 반란을 음모했으나 주장대신에게 발각되어 라싸에 있던 주장대신 아문(衙門) 내에서 주살되었다. 그리고 7세 달라이가 반란의 잔당들을 궤멸시켜 동란을 평정시켰다. 이 일이 있은 후 건륭제는 세속귀족에게 전권을 주면 폐해가 있음을 알고 장왕제(藏王制)를 폐지하도록 명했다. 그리고 갈하(噶厦)정부를 건립하여 직접 달라이와 주장대신의 영도를 받도록 했다.

갈하정부는 가룬 4명을 설치하여 1승3속이 서로 견제하게 했으나 결국은 전권이 한 사람에게로 넘어가 달라이 밑에 "역창(譯倉)"이 성립하게 되었고, 4개의 "대중역(大仲譯)"이 설치되게 되었으니 모두 승관(僧官)들이었다. 갈하정부의 일체 정무에 관한 공문은 역창의 심사를 거치지 않으면 밑으로 하달되지 못하게 되어 있어서 이를 통해 갈하를 압박하는 권력이 되었다. 1757년 7세 달라이가 사망하자 청 정부는 또한 제목호도극도앙왕융패득뢰갸초(第穆呼圖克圖央旺絳貝得雷嘉措)가 황교의 사무를 관리토록 했다. 후에 이 직위는 "장판상상사무(掌辦商上事務)" 혹은 "섭정(攝政)"이라 칭해졌고, 반드시 대라마 활불이 담임토록 했다.

청 정부가 채택한 이들 조치는 목적이 황교사원집단의 세력과 영향을 이용하여 티베트지방 귀족의 실력을 약화시키려 한 것이고, 승속통치자 간의 세력 균형을 갖게 하여 서로 견제하게 함으로써 난이 일어나지 않도록 하고자 한 조치였다. 이렇게 하는 것이 변경지방의 안정과 중앙정부의 통치에 이로웠기 때문이었다. 그러나 다른 한편으로는 황교사원 집단의 권력을 오히려 크게 신장시켜 황교사원집단이 티베트에서의 통치지위를 확립시켰고, 달라이 집단의 정교 대권을 한 몸에 갖도록 하여 티베트의 정교합일을 완전하게 했고, 승속귀족 연합전정의 봉건농노제도를 완비시키는데 중요한 작용을 하게 하였다.

5. 거루파의 교의교법(教義教法)

황교는 간덴파 교의의 기초 위에서 까귀, 사카 등 파의 내용을 종합하여 자신의 완전한 교의교법을 형성했다. 황교는 간덴파의 조사 아띠샤의 ≪등론(燈論)≫을 종(宗)으로 하여 총카파의 ≪보리도차제광론(菩提道次第廣論)≫(이 책은 한 개인이 범부로부터 성불에 이르는 과정을 주제로 하여 주요 수행 학습의 내용과 단계를 제시한 책)을 중심 교법으로 삼아, "삼사도(三士道)"를 세워 계(戒), 정(定), 혜(慧) 3학을 관통케 하였다. 소위 "계"란 곧 지켜야 하는 계율을 말하는 것으로 자신의 일체 언행을 엄격하게 종교의 요구에 부합시키는 것이고, "정"이란 곧 "선정(禪定)"을 가리키는 것으로, 이는 자신의 사상으로 하여금 선정의 경계에 이르도록 수행하는 것을 말하며, "혜"란 곧 상술한 두 개념의 기초 위에서 "일체의 지(智)"에 도달하는 것으로서 이로부터 성불한다는 것이다. 황교는 수행 과정 중 출이심(出離心), 보리심(菩提心), 공성견(公性見) 이 세 가지의 중요한 것을 중시했다. "출이심"은 행동 상에서 출가하는 것을 요구하는 것이고, 사상 상에서는 속된 관념을 포기하는 것이며, “보리심”은 자비를 근본으로 할 것을 요구하는 것으로 중생을 도제하는 것을 말한다. “공성견”이란 공성의 세계관을 확립할 것을 요구하는 것으로, 황교는 먼저 현종을 공부하고 후에 밀종을 학습하는 것이 순서라고 하여 이에 따라서 실질적으로 수행하는 것을 강조하는 것을 위주로 했다. 이렇게 한 단계 한 단계 수행 학습해 가는 과정에서, 현교를 수행 학습할 때 5부 대론(大論)이 필수과정이라고 했다. 이 5부 대론이란 다음과 같다.

① 법칭(法稱)의 ≪석량론(釋量論)≫은 곧 인명학(因明學)이다. 즉 불교 논리의 책이다.
② 자씨(慈氏, 곧 미륵)의 ≪현관장엄론(現觀莊嚴論)≫은 불교의 경계와 어떻게 불교의 경계에 도달하는가 하는 것을 이끌어 주는 책이다.
③ 월칭(月稱)의 ≪입중론(入中論)≫은 중관학(中觀學)으로 불교의 세계관인 공성(空性)을 해석한 책이다.
④ 공덕광(功德光)의 ≪계율본론(戒律本論)≫은 종교 계율에 관한 책이다.
⑤ 세친(世親)의 ≪구사론(俱舍論)≫은 불법의 총론으로 불교의 전체 개념을 서술한 경전 저작이다.

이 5부 대론은 경, 율, 론 3장 교법의 주요 내용을 개괄한 것으로 그 외에 많은 전적을 참고하였다. 5부 대론을 완전히 배우는 데는 일이십 년의 시간이 걸려야 마칠 수 있다고 했다. 수행 학습의 방법은 주로 경을 암송하는 것과 변론하는 것이었다. 밀종은 티베트불교의 주요 종파로 그 중요 특징의 하나는 각 교파가 모두 이를 중점으로 하고 있다는 점이다. 황교도 또한 예외가 아니었다. 역시 밀종을 중요시 하고 있었다. 밀종은 대일여래(大日如來, 곧 비로자나불[毘盧遮那佛])을 신봉했다. 종교의 설법에 따라 "대일"과 "석가"는 같은 하나의 부처이다. 대일은 법신(法身)이고, 석가는 응신(應身)이다. 소위 밀종이란 즉 석가법신(大日)이 자신의 권속에 대해서 말하는 비밀스런 대법(大法)으로 티베트어로는 "상아(桑俄)" 혹은 "진언종(眞言宗)"으로 칭하고, 밀종의 기본사상은 여전히 불교를 근본으로 하고 있다. 그러나 경, 율, 론 3장 외에 또한 의궤장(儀軌藏)이 있는데, 이는 의식을 중시한다는 것이 주 내용으로 주술을 외우고, 공양하며, 단을 설치하는 것 등 여러 종의 수행의식에는 모두 일정한 규범이 있다는 것이다. 따라서 임의대로 행해서는 안 되고, 밀종을 수행하고 학습하는 것은 반드시 법사(法師, 아도여[阿闍黎])를 통해서 전수받아야 하며 관정(灌頂)의식을 거행하여 법을 전수해야 비로소 정식으로 밀교에 입문하게 되는데, 그런 후에야 "삼밀(三密)"을 주었다. 즉 입으로 진언(眞言, 주문을 염하는 것 – 이를 '어밀[語蜜]'이라고 함)을 외우고, 계인(契印, 각종 각양의 손동작을 하는 것 – '신밀[身密]'이라 칭함)을 수결(手結)하고, 마음으로 관상(觀想, 혹은 관상[觀象], 혹은 의밀[意密]이라 칭함)을 하는 것이 그것이다. 이러한 의법(依法)을 수행하면 삼밀이 상응하여 몸이 성불할 수 있다는 것이다. 밀종은 불교의 골치 아픈 이론을 운용하여 저속한 주문을 외우며 기도하는 방면에서 헤아릴 수 없는 신비감을 조성하는 것으로 이는 일종의 미신이고 속임수이며 조금의 도리도 없는 것이라고 할 수 있다.

황교의 세계관은 중관론의 성공설인데, 총카파는 이전의 성공설을 종합하여 "연기성공(緣起性空)"을 제시한 일종의 종교철학 개념이다. 더불어서 이는 불가의 "심요(心要)라고 할 수 있고, 또한 그들의 세계관이기도 했다.

"연기성공"의 기본 논점은 일체의 사물 모두가 인연으로 일어나고 인연에 의해 화합하여 이루어지며 인연에 의해 멸하게 된다는 것으로, 이러한 일정한 관계 속에서 존재한다는 의미이다. 상대적인 의의 상(시간과 공간의 어떤 한 점 위에서)에서 사물은 존재하는 것이라고 말할 수 있지만, 그러나 종극적인 의의 상에서 본다면 그것은 어떠한 때라도 변화가 일어나지 않는다는 것이다. 그래서 사물의 존재는 오로지 아무 것도 없는 것이고, 실제로 있는 것이 아니기에, 일체 사물은 모두 실체가 아니고 모두가 존재하지 않는 것이기에 그래서 "성공(性空)"이라 부른다는 것이다.

이는 일종의 객관 유심주의의 종교철학이다. 사물은 다양한 관계(인연)가 하나로 모여서 생산되는 것이고, 이 관계가 떠나게 되면 사물이 되지 않는다는 것이다. 비록 이것은 사물의 관계를 승인하고 있지만, 그러나 이러한 관계를 과대화, 절대화 시킨 것으로 이러한 연계를 존재하는 위에다 놓아두게 되면 연계가 우선하는 것이지 존재가 우선하는 것이 아니라는 것이다. 한편 이러한 유심주의 철학은 사물의 생성되고 소멸되는 변화의 현상을 인정했지만, 그러나 또한 이러한 말은 일체 모두가 진실이 아닌 환영이라는 것이다, 이것이 바로 사물이 존재하는 객관적 물질 기초가 공(空)이라는 것으로 스스로 그 말의 궤변을 원만하게 증명하지 못하고 있는 것이다. 예를 들면 이 철학은 집이 나무와 돌의 인연에 의해서 조성되었다고 인정하지만, 그러나 이들 나무와 돌은 어떻게 조성된 것인지 다시 묻지 않을 수 없는 것과 마찬가지다. 이런 식으로 계속해서 물어 간다면 이를 해석할 수가 없는 것이고, 최후로 오로지 소위 불생불멸의 불성을 가지고 유심주의의 결론을 얻을 수밖에 없는 것과 같이 되는 것이다.

황교는 "연기유(緣起有)" "자성공(自性空)"으로써 사물을 관찰하는 두 개의 상호 연관된 범주로 삼았다. 그러나 연기가 있다고 할 수 있는 것은 "자성공"을 증명하기 위해서이고, "자성공"을 위해 "연기가 있는 것"이라고 말하는 것이다. 즉 자성공으로 말미암아 비로소 연기가 있게 된다는 것이다. 또 연기가 있기 때문에 그래서 자성공이 있다는 것이다. 이는 객관적 사물의 발전 규율이 완전히 서로 부합되지 않은 전도된 철학이다. 이러한 관점으로 사람을 인도하는 황교의 교의는 바로 열반을 위해 사람의 세간을 말하는 것이다. 즉 열반이 연기이고, 인세간이 성공(性空)인 것이다. 인세간의 일체 모든 것은 잠시적이고 허구적이기에 이 때문에 추구할 필요가 없다는 것이다. 이러한 것은 사람을 기만하는 종교 교리이고 완전히 승속 봉건농노지배계급의 이익에 적합한 논리였던 것이다. 이 때문에 티베트 봉건농노제의 공고함을 위해서는 중요한 작용을 했지만 사회와 노동군중에 대해서는 상당한 위해를 끼쳤던 것이다.

제6장

티베트불교의 조직과 제도

15세기 초 총카파(宗喀巴)가 종교개혁을 통해서 건립한 황교는 티베트 불교가 새로운 단계로 발전했다는 것을 보여주는 표식 같은 것이었다. 황교는 모든 교파를 모아서 크게 이루어진 교파이다. 티베트종교의 조직과 제도는 또한 황교가 가장 잘 완비되었고 전형적인 교파였다. 황교사원의 조직과 제도는 또한 라싸의 3대사인 철방(哲蚌), 색납(色拉), 감단사(甘丹寺) 등이 대표성을 가지고 있었다. 본장에서는 황교의 라싸 3대사의 조직과 제도에 대해서 분석하고자 한다.

1.사원의 조직구조

라싸 황교의 3대사(大寺)는 티베트 최대의 사원집단으로 1959년 티베트 민주개혁 이전 티베트에는 3대 영주의 하나인 사원영주 중 최대의 영주집단이었다. 그들은 대량의 농업 즉 토지, 목장, 산림, 부동산, 기금 등이 포함된 재산을 가지고 있었다. 그들은 직접 많은 농노와 노예들을 통치했고, 상당히 넓은 범위에서의 상업 활동을 진행했고, 또한 티베트 최대의 고리대업자의 하나였다. 그들은 역대적으로 중앙정권으로부터 지위와 상을 받았으며, 티베트지방정부의 매년 보조금(津貼)을 받는 등 각종의 종교적 특권을 향유했다. 그들은 직접 티베트지방의 정치에 참여함으로서 티베트지구 최대의 관방사원이었고, 티베트지구의 정교합일에 의한 승려 귀족이 연합하여 실시한 전정적(專政的) 정치제도 하에서 종교방면의 대표였고, 동시에 또한 논쟁을 불허하는 종교계의 최고 권위를 누렸다.

3대사의 지붕은 비련(毗聯, 지붕이 연결되어 있는 형태 - 역자 주)으로 되어 있었고, 이중 누각으로 되어 있었으며, 절 안에 상주하는 승려가 수천 명(철방사의 경우는 7,700명, 색납사는 5,500명, 감단사는 3,300명이었다)이나 되었다, 판첸(班禪) 계통 외에 황교에서 지위가 있는 라마, 달라이 이하 모든 간부승려들 중 이들 사원에 예속되지 않은 자들이 없었다. 각지의 황교사원은 가깝고 멀고 할 것 없이, 또한 크고 작음을 구별할 것 없이, 3대사와 일정한 예속관계를 갖지 않은 자가 없었다.

3대사의 조직은 모두 라길(喇吉), 자창(札倉, 티베트 불교의 주된 전각 - 역자 주)), 강촌(康村) 등 3급 관리기구로 조성되었다. 라길은 전 사원성격의 조직이었고, 자창은 사원의 중견조직이었으며, 강촌은 사묘의 기초 조직이었다.

3대사는 모두 두 개 혹은 두 개 이상의 자창으로서 조성된 사원이었다. 자창은 종교상의 현, 밀종으로 나뉘어져 설치되었는데, 현종 자창과 밀종 자창으로 나뉘어졌고, 이는 가장 기본적인 분과(分科)였다. 한 대사원 중 현종과 밀종이 동일하면 또한 다시 몇 개의 자창으로 나뉘어졌다. 예를 들어 철방사에는 모두 4개의 자창이 있었는데 3현밀(顯密)로 되어 있었다. 색랍사는 모두 3개의 자창이 있었는데, 양현일밀(兩顯一密)이었다. 감단사는 두 개의 자창이 있었는데, 모두가 현종 자창이었다. 동일 사원의 자창과 자창 사이에는 왕왕 각종 수행과 배우는 과정, 승려 규칙제도, 심지어는 대외관계 상에서도 차이가 존재했다. 이는 자창이 조직상에서 독립성을 갖고 있었음을 설명해 주는 것이다. 자창을 주도하는 자는 켄보(堪布, 경전에 깊이 통달하여 계율을 주관하는 라마승 - 역자 주)였다. 켄보는 승려들이 경을 배우는 것, 사원의 행정, 사원에 소속되어 있는 산업과 농노, 속민을 주관했고, 나아가 티베트 지방정부와 관계있는 회의에 출석하는 중요 인물들을 대표했다. 중요한 자창의 켄보는 본 자창의 수뇌였을 뿐만 아니라 전 사원의 영도 성원이기도 했다. 3대사의 켄보는 일률적으로 티베트정부 위원회가 각 사원에 파견하여 격서(格西, 박사학위를 취득한 라마승들 - 역자 주)의 심복에 대한 선발을 담당했다. 매 회 켄보의 임기는 6, 7년으로 연임할 수 있었다. 켄보가 하는 중요한 업무는 다음과 같았다.

라양강좌(喇讓强佐)는 한 사람으로, 총관리인(총지배인)이다. 그는 강좌(强佐) 약간을 통솔하며 구체적으로 자창의 행정, 재산, 속민(屬民), 대외관계를 관리한다. 그는 켄보가 위임하는 자로 켄보의 심복이라 할 수 있으며, 켄보와 진퇴를 같이 한다. 켄보가 되면 사저를 짓는데, 이것이 곧 라양(喇讓)이다. 라양의 모든 재산은 켄보의 개인 소유로 귀속되는데, 이는 사원이 소유하는 것에서 승려 개인이 소유하는 것으로 이전되는 것을 말한다. 또한 하나의 활불이 되어 한 계통의 출발점이 되기도 한다. 라양강좌는 바로 이 활불계통의 실제 주지인 것이다.

격귀(格貴)는 자창의 기율과 승려들의 일반적인 규분에 대한 처리를 책임진다. 곧 자찰의 사법자(司法者)였는데, 이들의 직권은 아주 컸다. 트집을 잡고 재물을 강요할 수 있는 것이 가능했던 하나의 살찐 사자였다.

옹칙(翁則)은 경을 염송하는 인솔자였다.

웅뢰파(雄賴巴)는 승려들이 경전을 배우는 것과 격서(格西, 곧 박사학위를 취득한 라마승들)의 시험을 관리하는 업무를 담당했는데 학감(學監)과 유사한 직위였다.

이상의 세 직책은 일반적으로 켄보가 임명하고 면직시켰다.

자창의 한 급 아래 조직이 강촌(康村)이었다. 강촌은 사원의 기층조직으로 일종의 지역성적 조직이었다. 보통 한 자창 내에 같은 지역 혹은 약간의 관계있는 지역의 승려들은 모두가 하나의 강촌에 귀속되었다. 강촌은 승려가 숙식하며 생활하면서 휴식을 취하는 곳으로 하나의 승려의 집이었던 것이다. 강촌에는 크고 작은 곳이 있는데, 비교적 작은 강촌 아래에는 또한 일종의 밀촌(密村)이라는 조직이 있고, 그 성격은 강촌과 같다. 자창의 규모가 큰 것은 많은 강촌으로 조성되어 있는데, 예를 들면 철방사의 가장 큰 낙파림(洛色林) 자창은 그 아래에 23개의 강촌이 있었다. 강촌과 강촌 사이에는 자산이 많고 적음이 달랐고, 성원 실력의 크고 작음도 달랐다. 사원들의 실제적인 지위도 크게 달랐다. 한 빈곤한 자창은 하나의 부유한 강촌보다 못했는데 이는 사원에서 아주 중요했다. 강촌의 한 집사위원회는 일반적 사무를 관리하는데, 한 명의 능력 있는 오래된 고승에 의해 길근(吉根)이 충당됐고, 모든 것을 주지했다. 길근 아래에는 몇 명의 집사(執事)가 있었다. 구열(歐涅)은 4인으로 강촌의 재무를 담당했다. 납강(拉岡)은 한 사람으로 집기를 보충하고 처리하거나 대외적으로 사들이는 물건에 대한 대금을 지불하는 것 등을 책임지었다. 카태격근(卡太格根)은 두 사람으로 내무 일을 처리했다.

자창의 위에는 전 사원 성격의 조직이 있는데 이를 차흠(磋欽)이라고 했다. 차흠은 본래 전 사원의 정전(正殿)을 가리키는 말인데, 전 사원의 활동 중심을 뜻하였다. 차흠 속에는 각 자창의 켄보에 의해 조성된 조직인 라길(喇吉)이 있어 이들이 전 사원 성격의 사무를 책임지었다. 나이가 가장 많은 켄보 중 한 명이 감포치바(堪布赤巴)의 임무를 담당했는데 모든 것이 그에 의해서 이루어졌다. 그의 아래에 몇 개의 자창 집사가 있는데 이들은 같은 직무에 종사했다. 길색(吉索)은 둘에서 네 명이 있었는데, 라길에 속해 있는 재산, 속민, 경제 상업, 고리대 등의 행정 및 재무에 관한 일을 관리했다. 이는 매우 중요한 집사였는데, 사원 중의 주요 자창의 켄보가 추천하였고, 지방정부에 의해

위원으로 선정되기도 했다. 협오(協敖)는 두 사람인데, 전 사원의 기율 사법을 책임지는 자들로 권한이 아주 컸다. 특히 철방사의 협오는 매년 라싸에서 대소(大召), 소소(小召)를 전할 때 라싸의 포정(布政)을 접대 관리했고, 1개월 여 동안 일반 승려 및 속인들에 대해 모두 관할할 수 있는 권한이 있었다. 라길의 추천에 의해서 원 지방정부의 위원이 되었다. 차흠흠마(磋欽欽摩)는 한 사람만이 임명됐는데, 전 사원의 승려들이 경을 염송할 때의 총감독이었다.

강촌, 자창, 라길 3급으로 된 조직의 매 단위는 모두 독립적인 경제적 기반을 가지고 있었고, 모두가 상 1급의 수입을 향유했으며, 반드시 그 소속 단위가 모두 공유해야 했다. 그리고 하 1급의 수입은 상 1급이 소유한 것에 미치지 못했고, 기타 단위의 소유와도 동등하지 않았다. 이 3급 기구는 모두가 각자의 전당(殿堂) 내 사무실을 설치하고 있었다. 3급 전당은 실제로 3급의 종교아문이었다. 이들 집사는 대소 종교 관리였다. 원 티베트 지방정부의 관직과 같았다. 이들 사원의 직책이 결여되었을 때는 여러 계층을 통해야 했고, 돈을 내야만 이 직책을 구매하여 얻을 수가 있었다. 이들 집사는 규정된 월급은 없었다. 그러나 그들은 공적 수입 없이도 자신들의 것으로 귀속시킬 수 있는 권한이 보장되어 있었다. 모두 배부르게 먹을 수 있었고 자신의 주머니를 채울 수 있었다. 그래서 사원의 이러한 "성길지지(聖洁之地, 곧 성스럽고 깨끗한 곳 - 역자 주)"는 개인적인 폐해가 난무했고, 속이고 빼앗는 현상이 비일비재했다. 하물며 세속적인 관청에서도 이러한 일을 사실 없을 정도였다.

이제 티베트에서 항상 볼 수 있는 종교조직의 단위를 소개하고자 한다.

납강(拉康)은 바로 신전(神殿)을 말한다. 이는 불상에 대해 불공을 드리고 경서(經書)를 두며 더불어서 승려들이 모여서 불사를 하는 곳이었다. 즉 불, 법, 승 3보의 장소였다. 그중 규모가 큰 곳은 완비된 조납강(祖拉康) 이라고 칭해졌는데, 예를 들면 대소사(大昭寺) 같은 곳이었다.

일초(日楚)는 납강보다 규모가 조금 컸다. 여기서는 삼보(三寶, 불, 법, 승)에 불공을 드리는 외에 또한 소수의 승려들 숙소인 소사원이 있었다. 가장 작은 일초는 오로지 한 사람 혹은 몇 사람의 승려가 거주했다. 왕왕 건축은 깊은 산 속 절벽 등에 건립되어 승려들이 수련정진하는 곳으로 일반 사람들이 들어갈 수 없는 곳이었다.

일초(日楚)보다 규모가 아주 큰 것은 승려들이 많이 모여 거주하였는데, 조직이 건전하기 때문에 근본적으로 1개의 사원 규모로 자창이라고 할 수 있었다. 하나의 자창에는 많은 납강과 일초가 포함되어 관할하였다. 두 개 이상의 자창도 합해져서 규모가 아주 큰 사원으로 되었는데, 예를 들면 3대사 같은 것이 이러한 양상이었다.

납양(納讓)은 바로 위에서 말한 몇 가지 종교단위 성격과는 다른 새로운 종교단위였다. 납양은 바로 라마의 사저였던 것이다. 일반적으로 생산 자료를 가지고 있는 상층 라마는 모두가 하나의 라양(喇讓)을 가지고 있었고, 라양은 그 본인과 시종하는 승려가 거주하는 곳이었다. 더불어서 그는 한 승려 귀족이 가지는 재산을 포괄하고 있었다. 라양은 활불이 이 세상에 다시 태어나 살아갈 수 있는 물질적 기초였던 것이다.

2. 승려의 사원 진입과 경의 학습제도

과거 티베트에서 군중들이 사원에 들어가 짜바(札巴, 즉 보통 승려)가 되었는데, 절대다수가 자원에 의해 출가한 것은 아니었다. 각 사원의 규정에는 군중 가운데서 "두 명의 남자 중에서 한 사람을 뽑고" 혹은 "세 남자 중에서 한 사람을 뽑는다"라는 짜바를 징집하는 제도가 있었다. 민주개혁시기 철방사 내의 두 개 강촌의 조사에 의거하여 보면, 총 287명의 짜바 중 부모가 보내온 짜바는 124명이었고, 생활고에 쫓겨 혹은 차역을 피해 도망 나왔거나 빚 때문에 짜바가 된 자는 126명이었다. 사원에서 찰차(札差)를 파견하여 강제로 데려온 자가 31인, 진정으로 신앙 때문에 자원하여 출가한 자는 겨우 6명이었다. 군중들이 사원에 들어와 승려가 된 후에 환속을 할 수 있는 자유는 없었다. 오로지 일생동안 사원 당국의 조치를 따라야 했고, 늙어 죽을 때까지 사원에 있어야 했다. 만일 짜바가 환속하겠다는 요구를 하게 되면 비단 실현될 수 없을 뿐만 아니라 벌금을 물어야 하거나 태형을 받아야 했고, 그는 모욕을 당해야 했으며 심지어는 가족에게 누를 끼치게 되기도 했다.

사원에 들어가 경을 배우는 짜바는 패흡왜(貝恰娃)라고 불리었는데, 그들은 먼저 예비반에 편입되어 학습했다. 수년 후에 경을 가르치는 스승의 추천으로 정식반에 들어가 5부대론(五部大論)을 학습했다. 정식반의 급수의 나뉨은 각 사원마다 달랐는데 15급으로 된 데도 있었고, 133급으로 나뉘어진 곳도 있었다. 매 1급은 기한이 1년이었고, 2년인 데도 있었다. 정식반에서 가장 높은 1급을 증례당파(增禮堂波)라고 불렀다. 승려들의 정식반에서 학습하는 기간 동안 개단(開壇, 밀교에서 전교관정 의식을 행하는 단을 베풀어 엶 – 역자 주)기간을 제외하고는 켄보의 경을 전하는 말을 들을 수 있을 뿐만 아니라 사원은 거의 그들 학생의 진도에 대해서 묻지를 않았다. 모든 것을 자신의 의지에 맡겼던 것이다. 정식반은 연한에 따라 자동적으로 승급하는 방식을 취했다. 곧 그가 경적을 제대로 다 배웠는지 여부에 대해서는 관여하지 않았고, 심지어 휴가 청원을 내고 사원을 떠나건 안 떠나건 관여하지 않았다. 오로지 연한만 되면 승급되었던 것이다. 그러나 증당파(增堂波)는 연한이 없는 반이 있었는데, 많은 승려들이 여기에서 그만두었다. 오직 소수의 충분한 조건을 가진 승려만이 비로소 경을 가르치는 스승의 추천에 의해 자창에게 신청서를 올려 격서학위(格西學位, 의미는 '선사[善師]'라는 의미임)를 받았다. 한 승려가 격서에 합격하면 그는 현종 방면의 학습을 일단락 진 것이라고 할 수 있다. 그리고 "공명(功名)"을 얻게 된다. 그러나 이것은 쉽지 않았다. 만일 단순히 학업에만 정진하여 사회배경과 당시 경제조건 없다면 거의 격서에 합격하기가 어려웠다. 일반적으로 격서에 합격하는 사람은 사원 내의 일부 중요한 회의에 출석할 수 있고 또한 문도를 받아들일 수 있었다. 그리고 밖으로 나가 경을 전할 수 있고 동시에 3대사 상하 밀원(密院)에 가서 밀종을 수행할 수 있는 자격을 취득할 수 있었다. 상하 밀원은 평행된 독립된 자창이었다. 이는 황교를 완성하는 것으로 먼저 현종을 학습 수행한 후에 밀종을 학습 수행해야 한다는 규정이 필요했던 것이다. 양 밀원에서 학습 수양하는 내용에는 주로 집밀(集密), 승낙(勝樂), 대위덕(大威德), 삼금강(三金剛) 및 여러 다음으로 중요한 금강(金剛)과 호법(護法)의 밀법 등이 있었다. 이들 밀법에는 경주(經咒), 관정(灌頂), 단성(壇城), 의규(儀規) 등 명목이 아주 많았고, 신비롭기가 헤아릴 수 없었다. 따라서 외부인들은 이를 이해하는 것이 매우 어려웠다.

상, 하의 밀원에서 학습 수행을 수년에서 수십 년간 하는 사람은 각 사원에 파견되어 켄보 등 주요 직책에 부임했다. 이는 승려가 승려 귀족으로 향하는데 거쳐야 하는 하나의 통로였다. 그 외에 다른 통로가 있었는데, 그것은 상, 하 밀원에 남아 있는 것으로 일정한 계급 단계를 통해서 최후로 감단치바(甘丹赤巴), 총카파(宗喀巴) 법좌의 계승인인 현적위(顯赫位) 직책에 오르는 것이다. 그러나 일반 승려 입장에서 말한다면 아마도 영원히 이에 이를 수 없다고 볼 수 있었다.

3대사에는 두 종류의 자창이 있었는데, 이는 학원 성격에 속했다. 하나는 만파자창(曼巴札倉)이라 불리었는데, 전문적으로 의료 기술 및 약물학을 배우고 연구하는 것으로 학위는 없었고 이들을 만인파(曼仁巴) 라고 불렀다. 다른 하나는 퇴과자창(堆科扎倉)이고 불렀는데, ≪시륜금강(時輪金剛)≫의 이론에 근거하거나 "향파납(香巴拉)"라는 이상국으로 가는 순서에 근거하여 학습 수행하는 장소로서 천문, 역산 등을 연구하는 곳이었다.

3. 승려의 등급제도

사원 내의 승려 등급은 아주 삼엄했다. 매 사원마다 티베트 봉건 농노제사회를 축소한 형태였다. 과거 티베트는 승려가 개인 재산을 가지고 사원에 들어오는 것을 허락했었는데, 이 때문에 그들은 세속 사회에서 향유했던 모든 일체를 향유할 수 있었다. 티베트 봉건농노제 사회 중의 농노지주와 농노 이 두 계급의 관계도 또한 자연스럽게 사원으로 침투해 들어와 승려를 양대 계급으로 나누었다. 하나는 소수의 활불과 상층 라마로 조성된 통치계급으로 승려 총수의 40%내지 50%를 점했다. 다른 하나는 빈곤하여 의지할 데가 없이 그저 사원에 의지해서 사는 많은 승려들에 의해 조성된 피통치계급이었다. 이 양자 간의 관계는 세속사회 중의 계급관계처럼 강경하지는 않았고, 일정한 신축성을 가지고 있었다. 그러나 이 두 개의 다른 계급에 속한 승려들은 사원에 들어올 때부터 시작되었다. 즉 두 개의 다른 기점에서 출발하여 이들 둘은 아주 다른 미래를 향하여 가야 했다. 이는 아주 명백한 사실이었다. 귀족 출신과 부유가정 출신 승려는 명의상에서 보더라도 그들은 강촌, 자창, 라길 3계층의 조직에 대해서 일 계열의 봉건의무를 반드시 부담해야 했다. 그러나 그는 각종 루트를 통해서 이러한 점에 대해서 면제를 받을 수 있었다. 하나는 임시적인 면제로 즉 돈을 내서 대신 이를 짊어지는 방법으로 한 번 혹은 열 번 혹은 일정한 시간 내 사원 각 계급 조직에 대해 책임지는 부담을 면제받을 수가 있었다. 다른 하나는 장기적으로 면제를 받는 것이다. 즉 일반적인 지위가 있고 충분한 재력이 있는 승려는 사원에 들어온 후 원래 지방정부의 유관 방면에서 보내온 후한 예물을 사원에 내거나, 기금을 기부하거나, 승려들에 대한 보시 등의 방법을 취함으로서 면제를 받았던 것이다. 하나의 정식적인 수속을 통해 공인된 특권적 지위를 얻었던 것이다. 이를 이름하여 "미새(彌賽)"라고 했다. 미새를 기부하는 것은 사원에 대해 짊어져야 하는 모든 부담을 면하게 했을 뿐만 아니라, 또한 의복, 거주하는 곳, 좌석, 경을 배우는 연한으로부터 사원의 수익과 보시의 분액 등등에 이르기까지 모두 다른 정도의 우대가 있었고, 사원 중에서 당연히 특수 인물이 되었던 것이다. 더불어서 이를 기점으로 해서 승관(僧官)으로 가는 단례를 따라갈 수 있었고, 혹은 서열상에서 앞으로 나아갈 수 있는 발판이 되었으며, 혹은 등급을 초월하는 평탄한 길을 걸어갈 수가 있었던 것이다.

일반적인 승려들은 사원에 들어오는 것으로부터 라길과 자창, 강촌 3계급의 조직과 동시에 예속관계가 시작되는데, 이러한 관계는 종신토록 예속관계로 이어졌다. 당연히 이로 말미암아 사원의 비호를 받아 원래의 세속 영주의 통제를 다시 받지 않았다. 그는 강촌의 그에게 나누어 준 자그마한 숙소를 받고 전당(殿堂) 내의 경을 염송하는 회에 참가할 수 있고, 규정된 수량의 수유차(酉禾油茶)를 나누어 받을 수 있다. 더불어 때에 따라서 아주 적지만 수당을 받고 보시된 것을 나누어 받는다. 그러면서도 생활하는데 부족한 것은 각자가 스스로 방법을 생각해서 보충할 필요가 있었다. 이와 동시에 이 승려는 또한 반드시 사원 3계급 조직의 모든 봉건적 의무를 부담해야 했다. 먼저 사원에 들어온 새로운 승려에 대한 규정의 각종 강제적인 노역(사원을 청소하고, 물건을 등짐으로 나르는 일, 수리 건축, 상층의 라마를 모시는 일 등)을 해야 하는데 이를 "선차(宣差, 뜻은 청년들의 책임이라는 뜻임)"라고 하였다. 그러다가 새로운 승려들이 들어와서 그들을 대신할 때가 되면 비로소 그런 의무가 해제되는 것이다. 선차가 해제된 후 또한 다른 일종의 해야 할 일이 있는데 이름하여 경차(更差, 의미는 선재 자격자의 책무라는 뜻)라는 것인데, 주로 강촌 계급에서 담당해야 하는 임무성 저급 직무이다. 예를 들면 전당, 부엌, 강촌에 대한 공양 등을 돌보는 집사로서의 의무인데 요리 혹은 강촌 내외의 잡무 등을 하는 일이다. 경차의 만기가 차면 그 후에는 비로소 총독왜(聽讀娃)라는 지위를 얻게 된다. 그리하여 강촌의 가장 보편적인 회의에 참석하는 일이 허락된다. 당연히 이 또한 사원에서 계급이 올라가는 첫 시작점이다. 이로부터 경을 배울 수 있는 자격이 주어지게 되는 것이다.

사원 중에는 또한 전문적으로 종신토록 힘든 일에 종사하는 많은 승려들이 있었는데, 그들은 모두 다른 승려보다 빈곤한 환경의 출신들이었다. 그들은 사원에서 일하는 대가로. 밥 한 끼 얻어먹는 처지였다. 실제상 그들은 가사만 입었지 노예나 다름없었다.

사원에서 경을 배운 사람은 패흡왜(貝恰娃) 라 불렸다. 실제로 이런 부류의 사람들은 사원 승려 중의 극히 일부분을 점했다. 더불어서 경을 배우는 시간도 길었기에 소비되는 것도 아주 많았다. 그들에 대해서 말한다면 재력이 부족하거나 혹은 기타 다른 원인으로 인해 중도에서 경을 배우기를 중단하고 힘든 일을 하는 승려로 전환한 이들도 많이 있었다. 능히 견디어 패흡왜의 전 과정을 마친 사람들은 아주 적었다. 패흡왜가 경 배우는 것을 통하여 격서의 학위를 점차 취득하게 되면 당연히 신분이 올라갔으나 많은 승려들 입장에서 말하면 여기에 이르는 것이 매우 어려웠다. 다른 한편 활불에 대하여 귀족출신 세가와 부유한 가정의 상층 라마입장에서 말한다면, 그들은 많은 여유 있는 시간과 조건으로 말미암아 경을 배울 수 있고, 돈이 있어 뇌물과 사회적 지위에 의지할 수 있는 산이 되어 격서 학위를 취득하는 것은 아주 쉬운 일이었다.

불경에서 말하기를 승려는 즐겁게 수행하는 승려와 고행을 하며 수행하는 승려로 구별되는데. 이들을 구별하는 모든 것은 전생의 업에 의해 결정된다고 했다. 그러나 계급사회 속에서 이를 증명기란 매우 어려운 일이다. 계급관계라는 것이 모두 사회적인 관계 속에서 이루어지는 것인데, 어찌 사원과 승려 조직이라고 해서 예외가 될 수 있다는 말인가? 엥겔스는 "출가자 속에는 두 가지 다른 계급이 있다"(≪독일 농민전쟁≫고 했다. 이러한 과학적인 논단은 바로 티베트종교의 조직 속에서 1차로 증명되어졌던 것이다.

4. 종교 특권 제도

티베트 불교사회는 티베트지구에서 권세를 극대화 했다. 이들은 봉건 농노지배계급이었을 뿐만 아니라, 정신상에서 노동군중을 우롱하고 마취시키는 도구로써 힘을 얻었다. 그리고 봉건 농노지배계급과 서로 연결하여 이들을 억압하고 갈취하는 일에 종사했다. 종교 사원들은 경제적 실력을 가지고 있었을 뿐만이 아니라 사원 내외의 노동군중을 잔혹하게 갈취하는 행위를 진행했다. 동시에 종교적 특권을 이용하여 법정과 감옥 등 통치기구를 설립하였다. 심지어는 자신들의 무장(사병)까지 보유하며 속지에 관리를 파견하거나 정치적 명령을 하달토록 했고, 관리 파견, 세금 징수, 민사와 형사 소송에 대한 관리 등을 했다. 사원의 종교적 특권은 아주 도를 지나칠 정도로 심했다. 세속의 봉건영주가 가지고 있는 권력과 비교해서 지나치면 지나쳤지 그에 못 미치지는 않았다.

사원의 종교적 특권은 주로 사원 내의 많은 가난한 승려와 사원 밖에 있는 장원에 소속되어 있는 속민들에 대한 봉건적 수탈과 그들에 대한 인신 노예노동을 시키는 것으로 표현되었다.

사원 승려의 내원과 세력을 확충시키는 것을 확보하기 위하여 농민과 목장민의 아이들 “2남 중에서 한 사람을 뽑아야 한다(二男抽一)” “3명의 남자 중 한 사람을 뽑아야 한다(三男抽一)”는 규정에 따라서 절에 들어와 짜바(札巴) 노릇을 해야 했다. 어떤 사원에서는 “아저씨가 사망하면 조카가 이를 이어야 하고(叔死姪續)” “외삼촌이 사망하면 외조카가 이를 이어야 한다(舅死甥繼)”라는 승려계승제도와 “유명라마(乳名喇嘛, 곧 아이가 출생한 후 사원에 등기를 해서 승려의 후보자가 되게 해야 하며, 부족할 때는 그로 하여금 보충케 하는 제도)”의 제도 등을 규정하기도 했다. 이외에 사원은 필요 시에 또한 자체의 관리(官吏)를 파견하여 노동인민을 핍박하여 자제들을 승려가 되도록 하기도 했다. 예를 들면 철방사의 아파(阿巴) 자창은 1949년 18개 장원에 100명의 아동들을 강제로 징집하여 사원의 승려가 되게 하였고, 일체 비용을 집에서 부담하도록 규정하였다.

가난한 가정 출신의 승려가 사원에 들어오면, 그 몸은 사원에 의지하게 되어 사원의 “말할 수 있는 짐승”이 되었다. 그들은 장기간 동안 매우 힘들고 빈번한 노역의무를 짊어지어야 했고, 또한 하루 종일 따듯한 밥을 먹지 못하여 그들에 대해서 말한다면 절에 들어오는 것은 사람들이 사는 경계에 들어오는 것이 아니었고, 그 사회에서의 지위는 조금도 변하지 않은 채 오로지 몸을 의탁하고 있는 관계상에서 영주가 없어져야만 비로소 바뀌어 질 수가 있었다. 이처럼 사원은 그들에 대해서 갈취하고 억압하여 세속 영주보다도 더욱 심하고 더욱 잔혹하였다.

사원은 자신들이 통치적 지위를 더욱 공고히 하기 위해서 모두 형당(刑堂), 감옥과 그 해당인의 진술을 듣고자 각종 형구를 설치했으며, 확실하지 않은 많은 성문(成文)과 성문화 되지 않은 많은 계율 등을 제정해 놓았다. 나아가 의식주문제서부터 사상, 언행 등 각 방면에서 많은 무리들을 속박하기 위해서 아주 엄밀하게 단속했다. 조금이라도 범죄에 해당하는 짓을 저지르면 죄명을 뒤집어 씌어 혹형을 받게 했고, 심지어 불구자로 만들거나 죽음에 이르게까지 했다. 3대사 등 황교사원은 "비구계" 353조, "사미계(沙彌戒)" 36조를 수립해 놓았다. 이러한 그들의 만행은 하도 많아서 모두 열거할 수 없을 정도였다. 승려들은 조금의 잘못을 저질러도 가벼운 자는 채찍질을 당해야 했고, 비교적 엄중한 자는 사원의 감옥에 넣어져 혹형을 받아야 했다. 혹형에는 눈알을 빼는 것, 손을 자르는 것, 코를 베는 것, 귀를 베는 것, 혀를 베는 것, 인두로 지져서 낙인을 찍는 것, 줄에 매달려 맞는 것, 불에 태워지는 것, 힘줄을 뽑아버리는 것, 다리를 자르는 것, 나무 통 안에서 서 있는 것, 머리 위에다 돌을 올려놓는 것, 피부를 벗겨내는 것, 머리를 자르는 것, 산 채로 매장당하는 것, 물속에 넣어지는 것 등 수 십 종이나 되었다. 이는 종교 사원의 야만적 포학성을 충분히 표명해 준다고 하겠다. 티베트의 민주개혁 중 반란자를 평정하는 중에 나타난 자료에는 가난한 짜바들이 이러한 혹형을 받았거나 기타 다른 형법에 의해 당했다는 사실은 없었다.

사원의 상층부에서 권력을 가지고 있는 라마는 노역을 통해 빈곤계층을 압박 착취함과 동시에 그 사원에 소속되어 있는 노동군중도 충분히 이용할 수 있는 종교적 특권이 있었다. 그리하여 임의적으로 압박과 착취를 하면서 피로 얼룩진 통치를 진행했던 것이다.

경제적 착취 면에서 사원들은 봉건 농노제 사회의 일반적인 예로서 토지에 대한 세금, 목장에 대한 세금 등을 거두어들였고, 고리대를 강제로 할당시켜는 방법을 통해 엄청난 이득을 취했으며, 그들은 신불(神佛)의 명의를 빌려 함부로 각종 명목의 번잡한 세금을 징수하여 노동인민들의 부담을 가중시켰다.

사원은 그 소속한 지역에 대해서 모든 권한을 갖고 있었기에 대리인에게 위탁하여 당지역의 모든 사무를 위탁했다. 동시에 대사원은 그 절에 속해 있는 속민에 대해서도 마찬가지로 통치를 진행했다. 3대사는 티베트 각지에 속해 있는 절이 998개(철방사 640개, 색납사 340개, 감단사 18개)나 되어 본사가 위탁한 켄보(堪布), 강좌(强佐) 등이 사원 농노주의 신분으로 그 뜻에 따라 속민을 통치했다. 그들은 경제상에서 속민에 대해 잔혹하게 수탈하는 외에 동시에 정치상에서도 감옥, 법정을 설립하여 일반인들의 형사소송을 수리하여 생사여탈권을 장악하고 있었다. 철방사 낙색림찰창파(洛色林札倉派)는 이전에 속사(屬寺)였던 백나동사(白那東寺)의 켄보 오견(烏堅)은 확실한 통계는 아니지만 1년 내에 수리한 안건과 사기를 친 합달(哈達)이 1000여 건이 넘었다고 했다. 티베트족(藏族)의 습관은 예물을 보낼 때 일반적으로 오로지 합달을 보내는데 반드시 기타 예품을 달려 보내야 했다(여기서 통계된 합달 수량은 뇌물을 준 회수를 표명만 하고 있을 뿐이지 실제적으로 그들이 받은 재물이 얼마나 되는 지는 계산을 할 수가 없다). 그들의 벌금, 감옥에 들어간 것, 장원에서 내쫓긴 것, 재산을 몰수당한 것, 죽도록 매를 맞은 것 등 무고하게 피해를 받은 자는 31인이었다. 찰십윤포사(札什倫布寺) 내에는 민사 형사 안건을 심리하는 곳이 15개 이상이었다. 이들 종교 법정에서 처리한 안건 중에는 종종 시비곡직을 따질 수도 없었고, 오로지 뇌물을 얼마나 바쳤는지에 따라서만 판정이 내려졌다. 만약에 안건 중에 사원의 이익과 관계되는 것이 있다면 이치가 있는 것도 곧 이치가 없는 것으로 되었고, 오로지 그들의 임의대로 처벌되어 벌을 받아야 했다.

활불, 켄보 등은 상층의 라마로, 보통 군중의 면전에서는 모두가 신의 화신이 되어 그들의 말 한마디 행동 하나하나는 모두 신의 뜻을 대표하는 것이었고, 군중은 오로지 순종을 해야만 했고, 절대로 그들에게 저촉되는 행동이나 말을 해서는 안 되었다. 그들은 그들의 뜻에 따라 재물을 빼앗을 수가 있고, 축복, 질병, 점복 등의 수단을 사용하여 바가지를 씌우거나 심지어 그들의 대소변을 신약으로 하여 군중들에게 병을 치료하는 약으로 팔기까지 했다. 그들은 마음대로 군중을 때리고 처벌했으며, 이러한 일을 하는 것으로 즐거움을 삼았다. 민주개혁 때 덕흠종(德欽宗)의 통계에 의하면 달라이 부경사(副經師) 적강(赤江)은 농노 2,300인을 심하게 때렸는데, 그중 부상을 당해 장애가 된 자가 300명이나 된다고 하였다.

이외에 각 사원은 밀법을 수행할 때 대량의 인명에 해를 끼쳤다. 티베트 민주개혁 전의 평민 반도들은, 1958년 라싸 서쪽 교외의 한 불당 안에서 경을 염송하고 주문을 외우기 위하여 관리자의 우두머리가 27개의 사람 머리, 두개골 6개, 대퇴부골 4개, 인체가죽 1장, 시체 한 구, 인간 내장 14개 묶은 것, 인육 8덩어리, 사람의 피 여러 병 등을 모아두고 있었다고 밝혔다. 이들 제사를 위한 제수품은 당연히 빈곤한 라마와 농노로부터 나온 것이었다. 사원의 이러한 노동인민에 대한 잔혹함은 진정으로 사람들에게 손가락질을 받아야 했다. 사원의 이들 상층 라마는 밀법을 수행했다는 명의로 제멋대로 다른 사람의 처자나 여인들을 취하여 음욕을 만족시켰으며, 또한 성불하기 위해 수련하게 되면 비비(卑鄙, 비천한 신분)와 "성길(聖洁, 성스러운 신분)"은 하나로 합쳐지게 된다고 하며, 인간 세상에서는 이를 잘 볼 수 없다고 했다. 이러한 "자비"를 외우기만 하는 종교 농노지주와 세속 농노지주는 조금의 차이도 없었고, "적선하는 땅"이라고 칭해진 사원은 사실 서얼의 자식을 생산하는 곳에 불과했던 것이다.

5. 활불(活佛)의 전세제도(轉世制度)[2]

"활불전세" 제도는 티베트 종교의 중요한 특색 중의 하나로 사원 통치집단이 그 종교 수령의 계승문제를 해결하기 위해 영혼전세설(靈魂轉世說)을 근거로 하여, 또 사원경제 관계를 기초로 하여 만들어진 일종의 종교제도이다. 이를 이용해서 사원의 독립된 경제를 유지 보호하고, 종교의 특권을 유지보호하며, 정교합일의 농노지배계급의 통치를 공고히 하기 위한 일종의 중요한 수단이었다.

달라이라마가 입적한 후 다른 사람의 몸을 비러 태어난 활불은 티베트어로 "주고(朱古)"라고 칭해졌다. 소위 활불전세의 대체적 상황은 다음과 같은 것이다. 하나의 활불이 사망한 후 그가 생전에 제공한 단서 혹은 다른 사람의 허구적인 단서에 따라 그의 전세의 "영혼 아동(靈童)"을 찾아 가서 일정한 종교의식을 통해 확인한 후 그로 하여금 정식으로 활불의 계승인이 되게 하는 것이었다.

활불 전세제도는 갈마갈거파(噶瑪噶擧派)에서 시작되었다. 이 이전

2) 달라이라마가 활불(活佛)로 인정이 되고, 또 입적한 후에 다른 사람의 몸을 빌어 태어난다는 제도

의 각 교파는 대부분 한 지방의 봉건지주와 직접 결합하여 생존했다. 예를 들면 살가파(薩伽派)는 곤씨(昆氏) 가족 위주로 해서 창립되었다. 이 종파의 영수는 이 가족 중에서 세습제에 의해 전해져 온 것이다. 종교와 정치를 상층 라마와 세속 귀족이 직접 연계함으로써함께 되었던 것이다. 이러한 것은 종교의 발전에 유리하였다. 또한 가족의 이익을 공고히 할 수도 있었다. 이러한 활불 전세제도가 나타나기 이전의 티베트사회에서는 정교합일의 형식이 일반적인 형식이었다. 13세기 중엽 갈마까쥐파가 사가파와 투쟁을 진행하면서 본 파의 이익을 유지하기 위하여 더욱 큰 정치권력을 취득해야 했으므로 활불 전세방법을 창립했던 것인데, 그리하여 홍모계(紅帽系)의 활불과 흑모계(黑帽系) 활불의 전세계통이 나타나게 되었던 것이다. 활불전세가 제도화 되자 티베트 각 사원에서는 이를 따라 상전하게 되었는데, 그러나 이것 역시 황교 사원집단이 형성된 이후의 일이었다.

15세기 총카파(宗喀巴)는 불교에 대해서 개혁을 진행하여 황교를 창립했다. 이러한 황교를 공고히 하고 독립경제를 기초로 한 사원집단을 발전시키기 위해 황교는 서서히 광범위 하게 활불 전세제도를 채용했던 것이다. 총카파의 제자 근돈주파(根敦珠巴)의 계승인, 청방파의 법태(法台) 근돈갸초(根敦嘉措)가 사망한 후, 이전 총카파의 유촉에 근거해 근돈갸초가 전세하였다. 그리하여 1546년 겨우 3살인 색남갸초(索南嘉措)를 찾아내어 그를 근돈갸초의 "전세영동(轉世靈童)"으로 삼았다. 이로부터 황교가 활불 전세제도를 이용하기 시작했던 것이다. 1578년 몽고 토묵특부(土黙特部)의 수령 알탄칸(俺答汗)이 색남갸초(色南嘉措)에게 "성식일체호제이달라이라마(聖識一體互齊爾達賴喇嘛)"라는 칭호를 선물했다. 이후 황교는 근돈주파를 1세 달라이로 추인하고 근돈갸초를 2세 달라이, 색남갸초를 3세 달라이로 하여 후에 14세까지 전세를 이어가게 했다.

이 활불전세는 통치계급이 불교의 영혼불멸, 윤회를 이용하여 군중을 우롱하고 속이는 하나의 수단으로 그 본래의 의미는 아주 황당한 것이었다.

1792년 청 고종 건륭제가 복강안(福康安)을 파견하여 곽이객(廓爾喀)의 난을 평정케 한 후 ≪흠정장내선후장정(欽定帳內善候章程)≫을 제정하였다. 이 장정(章程) 중에 이후 달라이 판첸의 전세영동(轉世靈童)의 선택은 황제가 특별히 내리는 금병체첨(金瓶掣簽)에 의해 결정한다고 규정했다. 이는 활불전세제도에 대해 긍정해 주는 하나의 문서였다. 또한 활불전세제도에 대한 이용이기도 했다. 사실 건륭 또한 소위 활불전세는 본래 거짓이라는 것을 알고 있었다. 그러나 이를 없애는 것을 원하지 않았다. 금병체첨의 방법을 이용하여 전세활불의 쟁집(爭執)문제를 해결하여 청 왕실의 위망을 높이려 한 것이었다. 그리하여 티베트에서의 통치권을 공고히 하려 했었다. 이는 청조 통치자 입장에서 말하면 십분 명확한 일이었다.

그 외에 또 하나 제시할 가치가 있는 것은, 여러 제국주의자들도 티베트의 활불전세제도를 이용하여 티베트를 침략하였다는 점이다. 예를 들면, 영 제국주의 간첩인 페이(貝爾)는 티베트 전 지역에서 빅토리아 여왕을 호법신인 길상천녀(吉祥天女)의 전세라고 선전했다. 미 제국주의 특무분자인 발이납특(勃爾納特)은 항일전쟁시기 라싸에서 활동했는데, 자칭 "하얀라마(白喇嘛"라고 했다. 그는 자기가 하나의 활불로써 전세의 화신이라고 표방했다. 제국주의자들은 이와 같이 활불전세를 알고는 이 제도가 속이는데 필요한 기묘한 무엇인가를 갖추고 있다는 점을 잘 알고 이를 이용했던 것이다.

제7장

달라이(達賴)와 판첸(班禪)

1. '달라이'와 '판첸' 칭호의 유래

달라이와 판첸은 황교의 양대 활불이다. 달라이라마는 몽고어와 티베트어의 합칭이다. 달라이는 몽고어이고, 그 뜻은 큰 바다(大海)라는 의미이다. 라마는 티베트어로 뜻은 높은 스승(上師)라는 의미이다. 따라서 달라이라마의 뜻은 "도덕성이 넓고 깊으며, 용납하지 않음이 없으며, 능히 못하는 바가 없다"는 의미인 것이다.

달라이라마라는 이 칭호는 1578년(명 만력 6년)부터 쓰여 지기 시작했다. 당시 제3세 달라이라마 색남갸초(제1세와 2세 달라이가 추인함)는 청해(青海), 내몽고 지구에 교를 전도하였고, 몽고 토묵특부(土默特部) 영수 알탄칸(俺答汗)에게 라마교를 신봉하도록 권했다. 알탄칸은 그에게 "성식일체호제이(聖識一切瓦齊爾)달라이달라이라마"라는 존호를 증여했다. 1652년(청 순치 9년) 5세 달라이 아왕라상갸초(阿旺羅桑嘉措)는 티베트에서 북경으로 가서 순치황제를 배알했다. 다음 해에 티베트로 돌아오는 도중 순치제는 사람을 파견하여 만어, 한어, 몽고어, 티베트어 등 4종 문자로 된 금책(金册)을 선물했다. 그리고 아왕라상갸초를 "서천대선자재불소령천하석교육보통호적라마항라달뢰라마(書天大善自在佛所領天下釋教育普通瓦赤喇怛喇達賴喇嘛)"로 봉했다.

이 봉호는 두 개 부분으로 나눌 수 있다. 제1부분은 "서천대선자재불교소령천하석교(書天大善自在佛所領天下釋教)"로 명 영락제(永樂帝)가 득은협파(得銀協巴)에 대해 하사한 봉호를 응용한 것으로 청나라가 명나라의 제도를 계승했음을 표명한 것으로 중앙정부의 명의로써 봉호를 티베트 승려에게 증여한 것이다. 제2 부분은 "보통호적라마항라달뢰라마(普通瓦赤喇怛喇達賴喇嘛)"로서 이는 알탄칸이 3세 달라이에게 내린 존호로, 그중 "보통"은 바로 "일체를 안다(識一切, 보편적으로 많은 것을 알아서 통한다는 뜻)" 즉 "일체지(一切智)"라는 것으로 현종(顯宗) 방면에서 최고의 성취를 이룬 승려에 대한 칭호였다. "호적라항라(瓦赤喇怛喇)"의 뜻은 "금강을 집행한다(執金剛)"는 것으로 밀종방면에서 최고로 성취한 승려라는 칭호였다. 이에 이르러 달라이라마가 티베트 종교의 최고 지위를 표하는 봉호라는 의미로서 비로소 정식으로 확정되게 되었고, 이후 매 달라이라마의 계승은 모두가 반드시 중앙정부의 비준을 받아야 했던 것이다.

판첸액이덕니(班禪額爾德尼)는 산스크리트어, 티베트어, 만주어의 합칭이다. '판(班)'은 산스크리트어이고, '첸(禪)'은 티베트어이며, 두 자가 합친 뜻은 "큰 스승(大師)"라는 뜻이다. "액이덕니(額爾德尼)"는 만주어로 "진귀한 보배"라는 뜻으로 티베트어의 "인파차(仁波且)"에 상당하는 의미이다.

판첸 칭호의 출현은 또한 역사적인 원인이 있었다. 1641년 (명 숭정[崇禎] 14년) 청해에 들어온 몽고의 쿠시칸이 4세 판첸과 5세 달라이의 요청에 응하여 몽고군을 이끌고 티베트에 들어가 갈마지방의 정권을 멸망시키고 5세 달라이를 도와 갈단파장(噶丹頗章)의 지방정권을 건립했다. 쿠시칸(固始汗)은 5세 달라이가 황교사원 집단 중에서의 권세를 분산시키고 티베트에서 자신의 정치적 통치를 공고히 하기 위하여 1645년(순치 2년)에 4세 판첸에게 "판첸박극다(班禪博克多)"라는 존호를 주었다. 그러나 18세기에 이르러 상결갸초(桑結嘉措)와 라짱칸(拉藏汗) 사이에 모순이 날로 격화되어 갔다. 1705년(강희 44년), 라짱칸(拉藏汗)이 상결갸초(桑結嘉措)를 주살했고, 다음해에 또한 6세 달라이 창앙갸초(倉央嘉措)를 폐하고, 다른 익서갸초(益西嘉措)를 6세 달라이로 세웠다. 그러나 3대사 라마와 청해(青海)의 모든 몽고 칸이 이를 승인하지 않고 극력으로 반대를 표했다. 강희제는 인심을 안정시키고 티베트 정세를 안정시키기 위해 정식으로 5세 판첸 라상익서(羅桑益西)를 판첸 액이덕니(額爾德尼)로 책봉하여 만어, 한어, 몽고어, 티베트어 등 4종의 문자로 된 금책(金册)을 수여하고 그의 종교적 지위를 확립시켜 주었다. 이후 역대 판첸 또한 모름지기 중앙정부의 책봉을 통해야 비로소 효력을 지니게 되었다.

티베트불교의 해석에 따라 달라이는 "흔연승불(欣然僧佛, 곧 관세음보살)"의 화신이고, 판첸은 "월파묵불(月巴墨佛, 곧 무량불[無量佛])"의 화신이라는 뜻도 있다. 신의 지위 상에서 판첸은 달라이보다 높다. 그러나 실제적으로 티베트에서 달라이는 종교와 정치상의 실제적 지위와 권력에서 모두 판첸보다 높았다.

2. 달라이(達賴)

1) 1세 달라이 근돈주파(根敦珠巴)

1세 달라이 근돈주파(根敦珠巴)는 1391년(명 홍무[洪武]24년)에 후장(後藏)의 살가사(薩迦寺) 부근의 하퇴목장(霞堆牧場)에서 태어났다. 1405년 납당사(納塘寺)에서 출가하여 사미계(沙彌戒)를 받았다. 1410년에는 비구계(比丘戒)도 받았다. 1415년부터는 전장(前藏)의 각 사원에 가서 변론에 참가했다. 후에 총카파(宗喀巴)를 스승으로 하여 경을 배웠다. 1419년 총카파가 감단사(甘丹寺)에서 원적(圓寂)하자 근돈주파는 또한 총카파의 대 제자인 갑조(甲曹)에게 인명(因明) 등의 경전을 베웠다. 1432년 갑조가 사망한 후 근돈주파는 또한 개주결(凱朱結, 곧 1세 판첸)에게 현밀교법(顯密教法)을 학습했다. 후에 라싸에서 일객칙(日喀則)으로 돌아와 융근달납(絳勤達納), 일고(日庫) 등에서 경을 강의하니 문도들이 점차 늘어났다.

황교가 당시 사회가 필요로 하는 바에 적응하자 봉건농노지배계급의 지지를 받았다. 따라서 후장지방에서 신속하게 전파되기 시작했다. 1447년 근돈주파는 상주칙(桑主則, 곧 일객칙[日喀則])의 파죽(帕竹)지방에 소속되어 있던 귀족 반각상포(班覺桑布)의 지지 하에서 상주칙에다 찰십윤포사(扎什倫布寺)를 건립했고, 사원이 완성한 다음에는 사원의 치바달(赤巴達)로써 20년간을 담임했다.

이 기간에 티베트 파죽지방 정부 정권의 통치세력이 날로 쇠락해가자 후장(後藏)의 인방파(仁蚌巴)의 세력이 점차 발전하였다. 그리하여 일객칙(日喀則)이 왕으로 칭해지게 되었다. 인방파는 황교에 대해 배척하는 태도를 취했다. 근돈주파는 찰십윤포사에 거점을 두고 후장 각지에서 경을 설법하는 일을 계속했다. 이로써 인방파 세력과 투쟁을 했고, 후세 황교 교도들이 숭앙하고 그들의 존경을 받게 되었다.

1474년 근돈주파가 찰십윤포사에서 원적했을 때의 나이는 84세였다. 근돈주파의 저서 ≪계경소(戒經疏)≫, ≪인연집(因緣集)≫, ≪석량논소(釋量論疏)≫, ≪정리장엄론(正理庄嚴論)≫ 등의 책은 대단한 영향을 끼쳤다.

2) 2세 달라이 근돈갸초(根敦嘉措)

2세 달라이 근돈갸초는 1475년에 후장(後藏)지방의 일객칙(日喀則) 서북쪽 달납(達納)지방의 한 농가에서 태어났다. 어릴 때 부친을 따라 영마밀법(寧瑪密法)을 학습했다. 1485년 찰십윤포사(扎什倫布寺)에 승려로 맞아들여졌다. 1486년에 출가하여 계를 받았다. 후에 찰사치바(扎寺赤巴)와 화해가 깨져 서로 같이 있을 수가 없어 1494년 라싸 철방사(哲蚌寺)로 와서 경을 배웠다.

근돈갸초는 경을 배우는 기간 동안 티베트 지방의 국세에 변화가 일어났다. 인방파의 세력은 후장에서 신속하게 발전했다. 더불어 까쥐파와 서로 연계하여 라싸지역으로 확대 발전했고 후에 라싸를 통제하게 되었다. 그들은 황교를 압박 제지하고 잔멸시켰다. 이러한 상황 하에서 근돈갸초는 부득불 라싸를 떠나야 했다. 그리고 전(前) 티베트와 후(後) 티베트를 돌아다녔다. 1509년 그는 산남(山南)지방의 봉건귀족 세력의 지지를 받아 산남의 성모호반(聖母湖畔)에서 곡과갑사(曲科甲寺)를 건립하고 황교의 하나의 새로운 거점으로 삼았다.

이후 근돈갸초의 명망이 날로 높아갔다. 명나라는 티베트지구의 통치를 한층 더 강화하기 위해 중사(中師) 유윤(劉允)을 파견하여 티베트에 들어가게 했다. 그리고 근돈갸초를 북경으로 초청했다. 그러나 인방파 세력이 저지하는 바람에 실현되지 못했다.

1517년 파죽지방 정권이 어느 정도 그 세력을 회복하였다. 그러자 인방파 세력을 라싸에서 축출시켰다. 파죽지방에서는 계속 황교를 지지했다. 근돈갸초는 다시 라싸로 돌아왔다. 그리고는 1년에 한 번씩 전소법회(傳召法會)를 주지했다. 1526년 그는 색납사(色拉寺)의 치바를 겸임했다. 후에 그는 철방사의 서남각에다 갈단파장궁(噶丹頗章宮, 5세 달라이가 포타라궁을 확대 건축하기 전에 역대 달라이들이 모두 여기에서 거주했다)을 건립했고, 전문적으로 사원의 장원과 재산을 관리하는 파직함(巴職銜)을 설치했다.

1542년 근돈갸초(根敦嘉措)는 철방사에서 원적했다. 67세 때였다. 1546년 철방사 상층의 라마는 색남갸초(索南嘉措)를 맞아들여 이 절의 치바(赤巴, 곧 라마승의 폐관 수행을 지도하는 스승 - 역자 주)로 임명했다. 그리고 그를 활불이라고 칭했다. 이로부터 황교는 정식으로 활불전세제도를 취하게 되었던 것이다.

3) 3세 달라이 색남갸초(索南嘉措)

3세 달라이 색남갸초는 1543년(명 가정[嘉靖]22년)에 라싸 서북 퇴룽(堆龍)지방의 한 귀족의 가정에서 태어났다. 1546년 철방사의 상층 라마들은 엄중한 의식을 통해 색남갸초를 이 절에서 받들어 모시기로 하고 영입했다. 1549년에 출가의식을 거행했고, 1553년에는 철방사 제12대 치바로 임명했다. 1558년에는 또한 색납사의 치바를 겸임했고, 날로 그 영향이 확대되어 갔다.

당시 청해호(青海湖) 부근 일대의 티베트족 지역을 점거한 몽고 토목특부 수령 알탄칸(징기즈칸의 17대 손)이 사람을 티베트로 파견하여 색남갸초를 초청하여 청해로 와서 경을 강론해 줄 것을 요청했다. 1577년 색남갸초는 청(青), 강(康) 등 지역으로 와서 법을 전했다. 다음 해 5월 알탄칸(俺答汗)과 청해호 앙화사(仰華寺)에서 만나 황교 교의를 선전했고, 알탄칸에게 살생을 경계하고 선행을 하며, 사람이 죽은 후 낙타나 말 등을 순장시키면서 제사지내는 풍속을 개혁하라고 권했다. 이는 객관적으로 목축업의 생산발전에 유리하게 했으므로 당지의 군중들로부터 호감을 얻었다. 그들은 원래 있던 샤먼교(薩滿教, 샤머니즘)를 버리고 불교로 개종하였다. 색남갸초는 알탄칸에게 "법왕범천(法王梵天)"이라는 존호를 추증했다. 알탄칸은 색남갸초에게 "성식일체호제이(聖識一切互齊爾)달라이달라이라마"라는 존호를 추증했다.

색남갸초의 권유 하에서 알탄칸은 1578년 부대를 데리고 몽고로 돌아갔다. 색남갸초도 알탄칸을 따라서 몽고로 가서 경을 강론했다. 감주(甘州, 오늘날 감숙성 장액[張掖])에 이르렀을 때 알탄칸이 색남갸초에게 사람을 파견하여 몽고에 조공을 하라고 건의했다. 색남갸초는 이 건의를 받아들여 곧바로 당시 명나라 재상 장거정(張居正)에게 축복의 글을 올렸다. 그 내용 중에는 "당신의 이름은 해와 달과 같이 알려져 있음을 알고 있고, 천하의 모든 것을 알고 있으며,……나는 황제를 밤낮으로 경을 읽으며 보우하고 있으며 천하가 태평하기를 축복합니다….."라는 내용이 있었다.

색남갸초는 몽고에서 큰 힘을 발휘하며 황교를 선전했고, 귀화(歸化, 오늘날 호화호특시[呼和浩特市])에 석열도소사(錫熱圖召寺)를 건립했다. 이후 황교는 서서히 내몽고지구에 널리 퍼지게 되었다. 1580년 색남갸초는 운남 려강(麗江) 지부(知府)인 목씨(木氏) 토사(土司)의 요청을 받아 리당(理塘)과 파당(巴塘)으로 가서 그 일대에 법을 전하고 신도를 받아들였다.

그는 리당에 춘과사(春科寺, 리당사[理塘寺])를 건립했다. 얼마 후 색남갸초는 라싸로 돌아왔다.

1583년 알탄칸이 사망하자 색남갸초는 초청에 응해 몽고로 가서 장례식 때 기도의식을 주관했다. 더불어서 연도에서는 경을 강론했다. 1587년 몽고 차하얼부(察哈爾部)의 투먼칸(圖們汗)의 초청으로 색남갸초는 동 몽고로 가서 법을 전했다. 다음 해 명나라 조정이 사람을 파견하여 귀화(歸化)에 와 색남갸초를 "타아지창(朵兒只唱, 즉 다길장[多吉鏘], 뜻은 열금강[熱金剛]이라는 것으로 밀종방면에서 최고의 성취를 올린 승려라고 하는 하나의 호칭)"으로 책봉했다. 더불어서 그를 북경으로 초청해서 법을 전하도록 했다. 그는 차하얼(察哈爾)에서 북경으로 갈 것을 허락했으나 결과는 이루어지지 못했다. 1588년 3월에 내몽고 구토밀(歐吐密)지방에서 원숙했다. 향년 46세였다.

4) 4세 달라이 운단갸쵸(云丹嘉措)

4세 달라이 운단갸초는 1589년(명 만력[萬曆] 17년)에 내몽고 토묵특부의 칸 왕가 에서 태어났는데, 그는 알탄칸의 손자 소밀이(蘇密爾)의 아들이었다. 1592년 라싸 3대사는 사람을 내몽고에 파견하여 그를 3세 달라이의 전세영동(轉世靈童)으로 인정했다.

전해오는 말에 의하면 3세 달라이 색남갸초는 토묵특부를 떠나기 이전에 몽고인들이 요구하여 몽고족 가운데서 내세전생이 되어달라고 했었다고 한다. 이 사실은 화교사원 집단과 몽고의 통치계급이 서로 결합한 미묘한 관계에 있었다는 것을 충분히 설명해 주는 것이다.

운단갸초는 1602년에 라싸로 초대되어 왔다. 그는 다음 해에 티베트 북쪽 열진사(熱振寺)에서 좌상전례(坐床典禮, 예를 교환하는 의식)를 거행했다. 1607년 찰십윤포사(扎什倫布寺)의 초청에 응해 후장지방으로 가 라상곡결견찬(즉 4세 판첸)에게 현밀교법을 배웠다. 1614년 철방사의 치바를 담임했고, 색납사(色拉寺)의 치바도 겸했다. 1616년 철방사에서 원숙했다. 28세의 나이였다.

운단갸초가 세상을 떠나기 전후의 기간에 티베트의 정치형세는 한차례 중대한 변화가 일어났다. 1612년 팽조남결(彭措南結)이 후장(後藏)지방을 통일했던 것이다. 팽조남결은 후장의 귀족 신하파(辛霞巴)·재단다길(才旦多吉)의 아들이었다. 신하파는 원래 인방파(仁蚌巴) 아래에 속해 있었는데, 후에 후장지방 인민 군중들의 인방파에 대한 불만을 이용하여 인방파의 통치를 퇴출시켜 서서히 후장지역을 통일시켰다. 1618년 팽조남결의 아들 돈군왕포(敦君旺布)가 또한 군대를 이끌고 전장(前藏)을 공격하여 파죽지방의 정권을 무너뜨리고 갈마지방의 정권을 건립했다. 돈군왕포는 스스로 짱파칸(藏巴汗)이라고 칭했다. 운단갸초가 사망한 후 짱파칸은 명령을 내려 전세(轉世)를 허락하지 않았다. 후에 4세 판첸이 짱파칸의 병을 잘 치료한 후에야 짱파칸이 비로소 4세 판첸의 요구에 답하여 철방사사 달라이 영동(靈童)을 찾아서 방문하는 것을 허락했다.

5) 5세 달라이 아왕라상갸초(雅旺羅桑嘉措)

5세 달라이 아왕라상갸초는 1617년(명 만력 45년)에 산남구결(山南究結)지방의 싸얼하(薩爾合) 왕가의 전세(轉世)가 되었다. 1622년 4세 판첸이 철방사의 좌상으로 영접했고, 후에 판첸으로부터 경을 배웠다. 1637년 철방사와 색납사의 치바로 취임했다. 이후 역대 달라이들은 당연히 이 두 개 사원의 치바(赤巴)가 되었다. 그리고 기타 어떤 사람일지라도 이들을 대신하여 담임할 수가 없었다.

이 기간에 천산남북 일대에서 유목하던 몽고와 호쇼톡부(碩特部) 수령 쿠시칸(固始汗)이 군사를 대동하고 청해에 들어와 취에투칸(却圖汗)을 살해했을 때는 황교사원집단과 갈마(噶瑪)지방 정권 간에 모순이 첨예화 되고 있었다. 그리하여 5세 달라이와 4세 반찬이 상의하여 쿠시칸의 지원을 요청했다. 1639년 쿠시칸이 군사를 이끌고 티베트에 들어왔다. 그는 도중에 서강 쪽으로 향하여 백리(白利)의 토사(土司)를 체포하여 살해하고 덕격(德格), 감자(甘孜), 등가(鄧柯), 백옥(白玉), 석가(石渠) 등지를 점령했다. 1641년 말 또한 군사를 이끌고 짱파칸 및 각지의 봉건영주를 무너뜨리고 5세 달라이가 창립한 갈단파장(噶丹頗章)지방의 정권을 도와주었다.

5세 달라이는 과거에 황교를 박해했던 사원과 귀족에 대하여 보복하는 정책을 택했다. 그들의 토지와 농노를 몰수했고, 그중 일부분을 황교의 크고 작은 사원에 주었다. 일부분은 황교를 옹호하는데 공이 있는 귀족들에게 사여했다. 나머지 남아 있는 일부는 정부가 직접 장악하여 관리했으니 이것이 곧 티베트의 3대 영주가 있게 된 유래이다. 쿠시칸이 엄격하게 간덴파장의 행정 권력을 통제했고, 황교사원집단에게는 경제상의 일부 혜택과 종교상의 특권만을 주었다. 후에 청나라가 정책적으로 쿠시칸을 "준행문의민혜쿠시칸(遵行文義敏慧固始汗)"으로 책봉하고 쿠시칸을 청나라의 속신으로 만들었다. 1654년 쿠시칸이 사망한 후 칸의 직위는 그의 자손 다얀칸(達延汗), 달라이칸(達賴汗), 라짱칸(拉藏汗) 에게 승계되었다.

황교는 몽고, 티베트의 영향을 이용하기 위해서 청나라 군대가 들어온 후 곧바로 사람을 파견하여 티베트에 들어와 달라이, 판첸에게 문안 인사를 했고, 돈청(敦請)이 북경으로 갔다. 1652년 5세 달라이도 3천여 명을 이끌고 북경으로 들어갔다. 달라이 일행이 북경에 이르자 순치황제는 남원작장(南苑猎場)에서 그를 마중하였다. 후에 태화전(太和殿)에서 달라이 세성(洗聖)을 위해 연회를 베풀었다. 순치제는 달라이에게 은 9만 량을 공양했다. 또한 좌황교(坐黃轎)를 하사했다. 또한 서황사(西黃寺)에서 달라이가 거주하면서 전심으로 수행토록 했다. 다음 해에 달라이는 티베트로 돌아갔다. 돌아가는 도중 대갈(代噶)지방에 이르렀을 때 청나라 정부는 달라이를 "서천대선자재불소영천하석교보통호적라항라(西天大善自在佛所領天下釋教普通互赤喇怛喇)달라이라마"로 책봉했다. 그리고 금책(金冊), 금인(金印)과 달라이를 티베트 종교상에서의 지위를 인정하는 교지를 하사하여 청나라 중앙정부가 정식으로 이를 인정하는 형식을 취해 주었다.

5세 달라이는 청 정부의 정식 책봉을 받은 후 성망이 날로 높아갔다. 그리하여 티베트지방의 행정대권이 서서히 그의 수중으로 이전하게 되었다. 5세 달라이는 정교대권을 수중에 넣은 것에 기초하여 극력으로 황교의 세력을 확대해 갔다. 그리하여 후장에 황교사원을 62곳에나 건립했고, 또한 황교사원의 종속관계, 사원내부의 조직기구를 규정하였고, 또한 집사(執事)라마의 임면 승천제도, 황교 라마가 경을 배워야 하는 것, 고시제도, 사원 내외의 규율, 의례규칙 등을 규정했다. 1679년 5세 달라이는 상결갸초(桑結嘉措)를 체파(第巴)에 위임하고 그에게 명하여 송첸감뽀(松贊干布)가 건립한 왕궁의 기지 위에다 포타라궁을 건립토록 하였다. 이후 역대 달라이는 모두 포타라궁에서 거주했다.

5세 달라이는 만년에 정사를 묻는 일이 매우 적었고 일심으로 저술을 찬하는 일에만 종사했다. 그의 저작은 30여 권이나 되는데, 그중 ≪서장왕신기(西藏王臣記)≫, ≪보리도제차론(普提道第次論)≫, ≪인자대비제차론(引子大悲第次論)≫ 등이 가장 많이 세상에 알려졌다. 1682년 그는 포타라궁에서 원적했는데 향년 66세였다.

6) 6세 달라이 창앙갸초(倉央嘉措)

6세 달라이 창앙갸초는 1683년(청 강희 22년)에 티베트 남쪽의 문우우송(門隅宇松)지방의 한 농가에서 태어났다.

1682년 5세 달라이가 원적한 후 제파 상결갸초(桑結嘉措)는 비밀리에 장례를 지낼 것을 명했다. 모든 일은 여전히 가짜 달라이의 명으로써 행해졌다. 그러면서 청 정부를 향해 책봉해 줄 것을 부탁했다. 그러나 강희황제는 이를 잘 몰랐기에 상결갸초를 왕으로 책봉했다. 더불어 금인을 하사했다. 상결갸초가 책봉을 받은 후 더욱 전횡을 하였다. 그는 한편으로는 몰래 신장(新疆) 몽고족 준가르부(准噶爾部) 가르단칸(噶爾丹汗)을 지지하면서 청 정부의 분열활동에 대해 반대했다. 한편으로는 준가르부의 군사적 역량을 이용하여 달라이 칸과 티베트지방의 권력을 쟁탈하는 허망된 일을 도모했다.

1696년 이를 안 강희제는 친히 대군을 이끌고 와 준가르부를 격파시켰다. 그러자 가르단칸은 자살했다. 청조정부는 준갈이 군대의 티베트인 중에서 5세 달라이가 일찍 원적했다는 소식을 들은 후 강희제는 엄중히 상결갸초에게 책임을 물었다. 그러자 상결갸초는 깊이 두려움을 느끼고 사람을 파견하여 문우우송(門隅宇松)지방으로 가서 창앙갸초(倉央嘉措)를 맞아들여 6세 달라이로 옹립하였다. 창앙갸초는 좌상(座上)에 오른 후 판첸 등을 배알하여 스승으로 받든 다음 불법을 배웠다.

1701년 달라이칸이 사망하자 그 아들 라짱칸우(拉藏汗于)를 1703년에 칸(汗)으로 계위시켰다. 라짱칸과 상결갸초는 서 티베트지방의 실권을 쟁탈하느라 그 모순이 날로 격화되어 갔다. 1705년 상결갸초는 라짱칸의 내시(內侍)를 돈으로 사서 라짱칸을 독을 써서 살해하려는 준비를 했다. 그러나 결과적으로 이것이 알려지는 바람에 실패하고 말아 상결갸초는 주살되고 말았다. 이일이 끝난 후 라짱칸은 청 정부를 향해 이러한 상황을 보고했다. 그러면서 창앙갸초를 폐위하라도 요청했다. 청 정부는 상결갸초의 죄를 인정하고 라짱칸을 "익법공순한(翊法恭順汗)"으로 책봉하고, 동시에 명을 내려 창앙갸초를 북경으로 압송하도록 했다. 창앙갸초는 북경으로 압송되어 가는 도중 원적하였다. 24세의 나이였다. 창앙갸초가 사망한 후 1707년 라짱칸은 익서갸초(益西嘉措)를 6세 달라이로 세웠다. 그러나 티베트 승려와 일반 군중들은 이를 전면 부인했다.

6세 달라이 창앙갸초는 하나의 시인(詩人)이었다. 그가 쓴 서정시는 종교에 대해서 일종의 반역이었다. 봉건적 요소를 반대하는 색채가 농후했다. 형식상에서도 비교적 순박했고 자연을 노래해 민요적 요소가 풍부했다. 따라서 그의 시가는 인구에 회자되었고 군중들 사이에 널리 퍼져나갔다.

7) 7세 달라이 격상갸초(格桑嘉措)

7세 달라이 격상갸초는 1780년(청 강희 47년)에 서강지방 리당사(理塘寺) 부근의 한 농가에서 태어났다. 후에 그 농가는 청조에 의해서 공작(公爵)으로 책봉되었고, 갈하(噶厦)는 또한 장원, 농노를 증여하여 결국 티베트의 일대귀족이 되었다. 즉 민주개혁 이전의 상주파장가(桑朱頗章家)가 되었던 것이다.

1720년 청 정부는 평역(平逆)장군 연신(延信)을 파견하여 격상갸초를 청해(青海)의 탑이사(塔爾寺)로부터 라싸로 호송해 오도록 했다. 그리고 포타라궁에서 좌상(座上)의 전례(典禮)를 행하도록 했으며, 5세 판첸 라상익서(羅桑益西)를 스승으로 하여 철방사(哲蚌寺)에서 경(經)을 배웠다. 이때 강희제는 명을 내려 라짱칸(拉藏汗)을 폐하고 6세 달라이 익서갸초(益西嘉措)를 세웠다. 거기에 격상갸초를 "법을 널리 알려 대중을 깨우치게 하는(弘法覺衆) 달라이라마"로 봉했다. 또한 "진흥황교보도생령칠배(振興黃敎普度生靈七輩)달라이라마지인(之印)"을 주었다. 1751년 건륭황제는 7세 달라이에게 명하여 친정을 하도록 했으나 1757년 50세로 원적했다.

7세 달라이가 세상에 있는 기간에 청 정부는 점점 티베트에 대한 사무적 관리를 강화해 나갔다. 이때 바로 강희제는 철저히 준갈이부의 난을 평정했고, 라짱칸도 전란 중에 피살되고 말았다. 이는 곧 격상갸초로 하여금 청병을 이끌고 티베트에 들어오게 하는 기회가 되었다.

강희제는 준갈이부의 난을 평정한 후 제파제도를 폐지시키고 강제내(康濟鼐)를 티베트의 왕으로 명했다. 아이포파(阿爾布巴), 융포내(隆布鼐), 파라내(頗羅鼐), 찰이내(扎爾鼐)를 가룬(噶倫)으로 삼아 공동으로 서(西) 티베트 지방의 사무를 공동관리하게 했다. 1727년 아이포파(阿爾布巴), 융포내(隆布鼐), 찰이내(扎爾鼐) 세 가룬(噶倫)이 난을 모반하여 티베트왕 강제내(康濟鼐)를 살해했다. 옹정제(雍正帝)는 도찰원(都察院) 어사 찰낭아(扎朗阿)로 하여금 군사를 이끌고 티베트로 들어가서 세 가룬을 살해케 하고 파라내를 티베트왕에 봉했다. 더불어서 주장판사아문(駐藏辦事衙門)을 설치했다. 1747년 파라내가 죽자 그 아들 주이묵특나목찰륵(珠爾墨特那木扎勒)이 티베트 왕위를 계승했으나 청 정부를 반대하자 청 건륭제는 주장(駐藏)대신 전청(傳淸)과 납포돈(拉布敦)에게 명을 내려 서로 기회를 보아 처리토록 했다. 1750년 전청과 납포돈의 시종(侍從)이 살해당했다. 이후 7세 달라이가 청 정부에 티베트왕제를 폐지할 것을 상주하자 건륭제는 이를 받아들여 갈하정부를 설립할 것을 명했다. 그리고 가룬 4인(1인은 승려, 3인은 속인)으로 하여금 공동으로 티베트의 정무를 공동으로 처리토록 했다. 1751년 건륭제는 또한 7세 달라이에게 친정을 하도록 명했다. 1757년 7세 달라이가 원적하자 건륭제는 가룬 등이 정사를 독단적으로 처리할 것을 두려워하여 제목락문한호도극도(第穆諾門罕呼圖極圖)로 하여금 잠시 정무를 섭정하라고 명하여, 이로부터 티베트지방은 섭정제도가 시작되게 되었다.

8) 8세 달라이 강백쟈초(强白嘉措)

8세 달라이 강백갸초(强白嘉措)는 1758년(건륭23년) 후장의 타결열

납강(拖結熱拉岡) 지방의 귀족 집안에서 태어났다. 그 가족은 청 정부로부터 공작(公爵)으로 책봉되었고, 후에 대 귀족이 되었는데, 바로 납노가(拉魯家)가 그 집안이었다. 1762년 주장대신에 의해 섭정을 받으며 좌상에 올라 주관했다. 1775년 강백갸초(强白嘉措)가 병이 나 건륭제가 의사를 특파하여 티베트로 가서 진료하게 했다. 1781년 건륭제는 명을 내려 강백갸초가 친정토록 하고 금책 39책을 하사했다.

1788년 곽이객(廓爾喀)이 티베트에 침략해 들어왔고, 1791년 곽이객의 군대가 후장(後藏) 찰십윤포사(扎什倫布寺)를 강탈함으로서 티베트 지방에 엄청난 재난을 가져다 주었다. 건륭제는 복강안(福康安) 등에게 병사를 이끌고 티베트로 가서 곽이객이 침입하여 벌어진 난을 평정시키라고 명했다. 1792년 복강안 등이 달라이, 판첸 등과 회동하여 공동으로 하나의 조례를 정했다. 후에 청 정부의 비준을 받았다. 이것이 그 유명한 "장내선후장정29조(藏內先後章程29條)"이다. 이 장정은 청 정부가 티베트 지방에 대한 관리를 더욱 강화시키겠다는 의미를 표명한 것이었다. 조례는 주장대신의 권력을 증강시켰고, 정무를 간섭하고 인사문제를 좌지우지하며, 행정, 군대, 재무, 대외관계상의 중요한 사항을 간섭할 수 있도록 했다. 이 모든 것이 주장대신에 의해 처리될 수 있도록 했던 것이다. 조례에는 또한 달라이, 판첸을 추첨하는 "금본파(金本巴)" 제도를 규정해 놓았다.

강백갸초는 1804년 47세의 나이로 천연두에 의해 병사했다.

9) 9세 달라이 융다갸초(隆多嘉措)

9세 달라이 융다갸초는 1805년(청 가경 10년)에 서강 등가현(鄧柯縣) 춘과(春科) 토사가(土司家)에서 태어났다. 후에 그 가정은 티베트의 대 귀족이 되었다. 즉 강라감가(姜羅監家)가 그 집안이었다. 융다갸초는 1808년에 좌상(坐床)에 올랐다.

이 기간에 영국은 인도의 식민통치를 안정시킨 후에 티베트에 대한 침략을 더욱 강화해왔다. 1811년 만녕(曼寧)을 파견하여 티베트에 들어와 달라이를 알현했다. 그러면서 티베트에 관한 자료를 수집해 갔다. 1814년 영국이 영국과 네팔 간의 전쟁을 도발하자 네팔은 청 정부에 도움을 청했다. 그러나 주장대신 희명(喜明)에게 거절당했다. 그리하여 네팔은 영국과 화약을 맺고 ≪색리조약(塞里條約)≫을 체결했다. 이로부터 영국은 실제상 네팔을 통제하게 되었다. 동시에 석금(錫金, 인도 북부의 작은 나라 - 역자 주)을 영국의 "보호 하"에 둔다고 하여, 네팔과 석금 간에 벌어지고 있던 규분을 영국이 중재한다는 식으로 규정해 버렸다.

1815년 융다갸초는 11살의 나이로 병사했다. 가경제는 명을 내려 "좌상이 오른지 얼마 안 되어 원적한 것이 너무나 애석하고 애처로우니 각 호도극마의 영수들을 조사하라……."고 명하였다.

10) 10세 달라이 초신갸초(楚臣嘉措)

10세 달라이 초신갸초는 1816년(가경 21년)에 리당(理塘)지방 타나보촌(朵那補村)의 우두머리 집안에서 태어났다. 그 집도 예에 따라 청 정부로부터 공작(公爵)으로 책봉되어 우타가(宇妥家)가 되었다.

9세 달라이가 사망한 후 3명의 영동(靈童)을 찾았는데, 1822년 도광제(道光帝)가 명을 내려 장내선후장정(藏內善后章程)의 규정에 따라 금병체첨(金瓶掣簽)[3]을 거행하라고 명했다. 그 결과 초신갸초가 10세 달라이로 확정되었다. 1837년 초신갸초는 포타라궁에서 "급사"했다.

22세의 나이로 친정도 하지 못하고 사망하고 말았던 것이다.

11) 11세 달라이 개주갸초(凱珠嘉措)

11세 달라이 개주갸초는 1838년(청 도광18년)에 우강(于康)지방 정태령사(定泰寧寺) 부근의 한 평범한 집안에서 태어났다. 그 가정은 후에 티베트의 큰 귀족이 되었으니 곧 팽강가(彭康家)이다.

10세 달라이가 사망한 후 3명의 영동을 찾았는데 금병체첨에 의해 확정된 개주갸초가 11세 달라이로 되었다. 도광제는 장가(章嘉) 일행을 호극호도 지방에 파견하여 그를 좌상에 오르게 했고, 1885년에 청 함풍제(咸豊帝)는 명을 내려 개주갸초가 친정을 하도록 했다. 같은 해 12월 개주갸초는 포타라궁에서 겨우 18세에 "급사"했다.

이때 영국이 마침 중국에 대해 제2차 아편전쟁을 도발할 준비를 하고 있던 때였다. 영국은 청조 정부의 부패한 내부사정을 이용하여 동서병진의 침략정책을 취했다. 그리하여 친영세력인 곽이객(廓爾喀)으로 하여금 티베트 변경에서 규분을 일으키도록 했다. 1854년 곽이객이 청조 정부에 저항하는 태평천국군을 진압하겠다는 명분으로 티베트를 침략했다. 다음 해에는 또한 티베트 지방정부가 대신 군비를 지급해야 한다고 요구했다. 더불어서 제롱(濟嚨), 섭납목(聶拉木) 등지를 점거하겠다고 제시해 왔다. 청조 정부는 오로지 일이 확대되는 것만을 두려워한데다가 태평천국 혁명운동의 진압에 영향이 미칠까봐 주장대신(駐

3) 금병체첨제도(金甁掣簽制度) : 티베트의 라싸의 조캉사(大昭寺)와 베이징의 옹화궁에 금병(金甁)을 하나씩 두고, 티베트 지역의 활불 전세(轉世: 티베트 불교의 후계자 계승)는 조캉사(大昭寺)에서, 티베트 이외 지역의 활불 전세는 옹화궁에서 추첨이 이루어지도록 하고 활불(活佛:살아있는 부처)의 모든 과정을 청나라 황실의 중앙기구가 관리하도록 한 제도이다.

藏大臣) 혁특하(赫特賀)에게 "이를 조정하여 해결하라"고 했다. 그리하여 티베트지방정부에 압박을 가해 곽이객과 ≪서장곽이객조약(西藏廓爾喀條約)≫을 맺도록 했으며, 곽이객을 향해 배상하고 자유로운 통상과 세금 면제 등을 규정했다. 이것이 티베트지방이 대외적으로 맺은 첫 번째 불평등조약이었다.

12) 12세 달라이 성열갸초(成烈嘉措)

12세 달라이 성열갸초는 1856년(청 함풍 6년) 티베트의 대귀족인 납노가(拉魯家)에서 태어났다. 1858년 금본파병(金本巴瓶)에 의한 선택으로 달라이 전세영동(轉世靈童)제에 의해 정해졌다. 1859년 포타라궁에서 좌상에 올랐다. 1873년 청 동치제의 명으로 성열갸초가 친정을 하게 되었다. 후에 후장의 여러 지방에서 경을 강론하고 법을 설했다. 1875년 3월 포타라궁에서 20세에 "급사"했다.

13) 13세 달라이 토등갸초(土登嘉措)

13세 달라이 토등갸초는 1878년(청 광서 2년)에 라싸 동남달포(東南達布)지역에서 태어났다. 그의 집안은 후에 티베트의 대귀족이 되었으니 곧 낭돈가(朗敦家)이다.

토등갸초는 8세 판첸과 갈하(噶厦)정부 전체의 승속(僧俗)관원에 의해 공식으로 인정받았고, 광서제의 비준을 받아 선택을 면제받아 달라이의 전세영동으로 인정되었다. 1878년 8세 판첸에 의해 포타라궁 좌상이 되어 1895년부터 친정을 주지하게 되었다.

그 사이 마침 영국이 티베트를 침략하기 위해 압박을 가해오던 시기였다. 1888년 영국군대는 티베트 융토산(隆土山)지방으로 진공해 왔다. 변경을 수비하던 티베트 군민이 영국군에게 심각한 타격을 주었다. 그러나 청 정부가 후퇴하라는 정책을 취했기에 1890년 ≪중영회의인장조약(中英會議印藏條約)≫을 체결하여 석금(錫金)을 영국의 보호국으로 하는 것을 확정하고 티베트와 석금과의 국경을 새롭게 정했다. 영국은 여전히 이에 대해 만족하지 않았다. 그리하여 1893년에 ≪인장조약속약(印藏條約續約)≫을 체결하고 동쪽으로는 상업 부두를 개방하고 5년 내에 수입되는 물품에 대해서 세금을 면제해 주고 편지 등을 자유로이 보내고 받을 수 있도록 규정하여 영국이 대규모로 티베트에 침략해 들어올 수 있는 대문을 열어놓았다. 20세기 초에 영국은 중국이 8개국 연합군에 의해 받은 피해상황을 기회로 알고 러일전쟁으로 중국 동북지구를 쟁탈하는 모순이 극한 상황에 처하게 되었을 때, 제2차 티베트를 침략하는 전쟁을 발동했다. 1903년 영혁붕(榮赫鵬)이 이끄는 2천여 명의 영국군이 티베트로 침입해 들어왔다. 티베트 연도의 군민들이 분기하여 일어나 저항하여 역사상 유명한 강자보위전(江孜保衛戰)이 진행되었다. 그러나 청 정부의 타협에 의한 투항정책으로 말미암아 영국군의 침략을 효과적으로 방어하지를 못했다. 1894년 8월 영국군이 라싸에 침입해 들어왔다. 13세 달라이는 내지로 도망을 갔다. 영혁붕은 티베트지방 당국에 강한 압박을 가해 ≪라싸조약≫을 맺었고, 750만 루피(盧比)의 배상금을 지불할 것을 정했고, 강자(江孜), 갈대극(噶大克), 아동(亞東)을 상업부두로 개방하고, 인도에서 강지, 갈대극으로 통하는 길을 개방하여 자유롭게 통상하고 자유롭게 통신할 수 있게 허락하도록 했다.

당시 영러 양국의 티베트에 대한 침입은 모두가 납롱(拉攏)달라이가 이용한 중요 수단의 하나였다. 청 정부의 부패 무능함으로 인해 국내의 형세가 어지러워져 갔기 때문에, 달라이는 청 정부에 대한 믿음이 점점 실추되어 갔고, 대신 영국과 러시아 쪽으로 마음이 전향하고 있었다. 1904년 13세 달라이는 라싸를 나와 내지로 간 후에 청 정부는 그에 대해 실질적으로 "연금정책"을 취했다. 그리하여 달라이 및 그에 속해 있던 신하들이 큰 불만을 품고 있었다. 1908년 달라이가 광서제와 자희태후(慈禧太后)가 사망하고 어린 선통제(宣統帝)가 등극하면서 청 정부가 내부 혼란에 싸이자 이를 기회로 티베트를 요구하면서 1909년 11월 라싸로 돌아왔다. 달라이는 북경에 있는 동안 청 정부는 사천성(四川省) 변경을 경략(經略)하고 서수(西陲)를 정돈할 계획을 실시하였다. 천전변무대신(川滇邊務大臣) 조이풍(趙爾豊)은 강구(康區)에서 "개토귀류(改土歸流 : 중국 서남부 지역에서 토착민 출신 관리를 폐하고 중앙에서 파견한 관리를 두는 정책)" 정책을 진행하여, 연예(聯豫)와 장음당(張蔭棠)이 티베트에서 정치개혁을 시행하여 대 귀족인 하찰(夏扎)을 위수로 하는 친 영국 세력의 불만을 일으켰다. 후에 청나라 정부는 또한 조이풍을 주장대신 겸 천전변무대신으로 명하여 촨군(川軍)을 티베트에 들어가게 하자, 이는 청 정부와 달라이 간의 모순을 더욱 격화시켰다. 달라이는 촨군이 라싸에 도착하는 날 밤에 인도로 도망을 쳤다. 청 정부는 마침내 13세 달라이의 이름을 제명하고 "쫓아내어 백성을 다스린다"는 정책을 실시했다. 그리하여 영국은 납롱(拉攏)달라이가 한 발 더 기회를 잡을 수 있도록 해 주었다.

1911년 손중산이 영도하는 신해혁명이 일어나 청나라 정부를 전복시키고 중화민국을 건립했다. 영국은 또한 중국의 정권이 변화하는 기회를 이용하여 티베트지방정권을 사주하여 "한족에 반대"하는 사건을 일으키게 했다. 1912년 대총통 원세개는 전보로 쓰촨성 독군(督軍) 윤창형(尹昌衡)에게 쓰촨군대를 이끌고 티베트로 들어가도록 명했다. 달라이는 매우 놀라서 영국에게 "보호 도움"을 청했다. 1913년 영국정부는 원세개가 생각하고 있는 황제가 되려고 하는 야심을 이용하여 소위 중영장회의(中英藏會議)를 열어 티베트에 대한 문제에 관한 일체의 현안을 해결하자고 제시하였다. 1913년 11월 회의는 인도 서모납(西姆拉)에서 열렸다. 영국은 티베트 대표로 하여금 회의석상에서 "티베트의 독립" 문제를 제시하여 이를 승인해 줄 것을 요구하라고 사주했다.

그러나 전국 인민의 굳건한 반대 하에서 원세개 정부 대표 진이범(陳貽范)은 감히 정식으로 조약에 서명을 하지 못하였다. 그러자 영국정부 대표 맥마은(麥克馬洪)이 회의기간 동안에 티베트지방정부 대표 하찰(夏扎)・반각다길(班覺多吉) 등과 밀모하여 중인변계도(中印邊界圖)를 비합법적으로 "맥마은 선(線)"으로 고쳐 경계선을 그었고, 중국 티베트지방의 9만여 ㎢의 토지를 인도 판도에 넣어버렸다. 서모납회의가 파한 후 영국은 또한 북양군벌(北洋軍閥)정부에 대해 압력을 가하여 티베트지방 정부가 동쪽을 향해 세력범위를 확충해 가도록 지시하여 강장(康藏)의 규분을 도발케 하였다.

1919년 5・4운동이 폭발하자 전국의 인민들은 나라를 팔아먹는 매국자라고 성토하는 여론 하에서 북양군벌 정부는 티베트 현안문제인 중영교섭을 정지시키고 깐쑤(甘肅) 독군 장광건(張廣建)에게 사람을 파견하여 달라이와 연계토록 명을 내렸다. 장광건이 주수(朱綉) 등을 파견하여 라싸에 들어가도록 했다. 달라이는 주수를 대하면서 다음과 같이 말했다. "나는 영국과 친하게 지냈지만 본심은 아니었다. 흠차(외교사신)가 심하게 강박하지 않는다면 부득이 하게 그렇게 하지 않겠다. 이번 귀 대표가 티베트에 온 것에 대해 나는 심히 감격하고 있다. 오직 바라는 것은 대총통이 속히 전권특사를 파견해서 현안을 해결하면 나는 맹서코 마음이 안으로 향하여 5족이 행복하게 되도록 도모할 것이다. 서모납회의의 초안 또한 고칠 것이다."

주수가 티베트에 들어간 이 일은 영국 침략세력의 불안을 일으켰다. 그리하여 그들은 티베트의 친영적인 소장파 군인들을 이용하여 정변을 책동하도록 했고 달라이와 티베트지방정부를 전복시켰다. 사태는 달라이가 이를 조용히 하도록 조치를 취하게 했다. 달라이는 이로부터 더 이상 영국에 의지할 수 없다고 인식하기 시작했고 중앙정부와 관계를 개선하기를 희망했다. 1930년 달라이는 승속관원을 파견하여 국민당정부가 남경에서 소개한 "몽장위원회(蒙藏委員會)"에 참가토록 했다. 그리하여 정식으로 "서장주남경판사처(西藏駐南京辦事處)"를 설립했고, 티베트지방과 중앙과의 관계를 초보적으로 개선했다.

13세 달라이 토등갸초는 1933년 58세의 나이로 원적했다. 국민당정부는 참모차장 황모송(黃慕松)을 파견하여 티베트에 가서 장례에 참여케 하고 더불어서 토등갸초에게 "호국홍화보자원각대사(護國弘化普慈圓覺大師)"라고 추봉(追奉)했다.

14) 14세 달라이 텐진갸초(丹增嘉措)

14세 달라이 텐진갸초는 1934년 청해성(靑海省) 황중현(湟中縣) 혁가촌(赫家村)의 한 티베트족 농민 집안에서 태어났다. 1940년 국민당정부는 몽장위원회 위원장 오풍신(吳忠信)을 지명하여 파견하여 티베트로 가서 좌상을 주지하도록 했다. 13세 달라이가 사망한 후 국민당정부는 열진활불(熱振活佛)의 섭정을 비준해 주었다. 그러나 열진은 애국적인 경향이 있었기에 친영(親英) 분자들이 원수처럼 여겼고, 그들로부터 배제당하는 시련을 겪어야 했다. 그리하여 그는 1941년 휴직한다고 선포하고 대찰활불(大札活佛)이 대리하여 직무를 섭정했다.

1943년 티베트지방정부는 영미제국주의 분자들의 지시 하에서 "외교국"의 성립을 선포했다. 1947년 그들은 또한 인도 덕리(德里)에서 "범아시아회의"가 열리는 기회를 이용하여 설산(雪山)의 사자를 티베트의 국기로 정하고 공개적으로 내걸었다. 같은 해 4월 친 제국주의 분자들은 열진을 살해하는 사건을 일으켰다. 그리고 열진과 관계있는 승속관원들을 박해하여 티베트지방정부를 완전히 통제했다.

1947년 10월 티베트지방정부는 소위 "상무대표단"을 조직하여 구미로 가서 각국의 상업업무를 고찰한다는 명의를 붙였으나 실제적으로는 조국을 분열시키는 활동을 진행하였다. 1949년 7월 중국 대륙 정부가 해방되고 신 중국이 성립되기 전야에 티베트지방정부는 라싸에서 또다시 "한족을 내모는 사건(驅漢事件)"을 일으켰다. 그리하여 티베트를 중국과 정치적으로 연계되는 일을 단절시키려는 계획을 실행하면서 티베트의 해방을 저지했다. 당시 인민해방군이 티베트에 들어갔을 때 대례(大扎)을 수장으로 하는 티베트지방정부는 또한 무장역량을 통해 저항했다. 더불어서 14세 달라이를 국외로 가게 하여 티베트인들의 굳건한 반대운동을 일으키도록 했다.

1951년 봄 대찰(大札)이 하야하고 14세 달라이가 친정을 한다고 선포하였다. 공산당의 민족정책에 감동한 달라이는 전권대표를 파견하여 중앙인민정부의 전권대표와 담판을 진행하고 ≪티베트를 평화적으로 해방시키는 협의에 관하여(關于和平解放西藏辦法的協議)≫라는 협의에 서명했다.

그러는 가운데 1959년 3월 티베트의 반동 상층 집단이 무장반란을 일으켜 14세 달라이가 외국으로 나가게 되었던 것이다.

3. 판첸(班禪)

1) 1세 판첸 개주결(凱朱結)

1세 판첸 개주결은 1385년(명 홍무[洪武] 18년)에 후장(後藏)에 있는 납퇴다웅(拉堆多雄)지방의 한 농가에서 태어났다. 어릴 때부터 경을 배웠고, 16세 때(1301년) 앙인사(昻仁寺)에서 아동반흠(俄洞班欽) 대사와 변론을 했다. 그래서 일시에 이름이 세상에 알려져 떠들썩하게 되었다. 1407년 총카파(宗喀巴)가 원적하자 총카파의 대 제자 갑조결(甲曹結)의 감단사 치바를 계승했다. 1432년 갑조결이 사망하자 개주결이 갑조결이 뒤를 계승한 후 감단사 제3대 치바가 되었다. 이때 1세 달라이 근돈주파(根敦珠巴)가 다시 개주결로부터 경전과 교의를 학습했다. 황교는 당시 파죽지방 정권의 지지를 받고 있었다. 파죽 제7대 법왕 찰파군내(札巴軍乃)는 계위(繼位)하기 전이었으나 개주결을 알현하고 황교법회에 참가하였다. 1438년 개주결은 감단사에서 54세에 원적하였다.

티베트불교도들은 개주결을 극도로 존중했다. 법존(法尊)은 ≪서장민족정교사(西藏民族政教史)≫에서 다음과 같이 말했다. “갑조결과 개주결은 차례로 감단사를 주지했고 대사를 소개하여 법좌를 이었다. 황교의 기초를 세워놓았고, 근본을 확고히 했다. 그로부터 가지와 잎이 번성하게 되었다. 황교를 널리 알리고 발양시킨 공은 이 두 사람이 가장 크다”

2) 2세 판첸 색남교랑(索南喬郎)

2세 판첸 색남교랑은 1439년(명 정통[正統] 4년)에 후장지역과 융포지역이 교차하는 경계에 있는 만살(万薩)지방의 한 농가에서 태어났다. 일찍이 스승을 따라서 황교경전을 학습했다. 후에 대부분은 후장의 은근사(隱根寺)에서 거주하면서 후장에다 황교를 전파하는 일을 계속하는 한편 샤카파(薩迦派), 까쥐파(噶擧派)의 종교세력과 투쟁하는데 힘을 쏟았다. 1504년에 66세의 나이로 원적했다. 황교를 널리 알리고 일으키는데 공이 있기 때문에 후에 제2 판첸으로 추인되었다.

3) 3세 판첸 라상돈주(羅桑敦朱)

라상돈주는 1505년(명 홍치[弘治] 10년)에 후장의 아노장포강(雅魯藏布江) 지역의 답괴은살(答魁恩薩) 지방에서 태어났는데, 2세 반찬과는 한 가족이었다.

이때 황교는 위장(衛藏), 아리(阿里), 서강(西康) 등 지역에서 아주 크게 발전하였다. 그러나 기타 교파와의 투쟁은 여전히 십분 격렬했다. 1498년에서 1518년까지 티베트지방의 실력 있는 집단은 갈마파를 신봉하는 인방파(仁蚌巴) 가족이었는데, 그들은 라싸에서 전소대회에 참가하는 황교 교도들을 체포하라고 명을 내렸다. 얼마 지나지 않아 까쥐파 디굼(止貢) 지계(支系)도 황교와 치열한 투쟁을 일으켰다. 이들 종교들이 투쟁하는 가운데 라상돈주가 후장 지구에 황교를 널리 알리는 일을 견지하여 세력범위를 확대 발전시켰다. 이로 인해 후세에 존중을 받았던 것이다. 그가 사망한 후(1566년 라상돈주는 62세로 사망함) 제3세 판첸에 추인되었다.

4) 4세 판첸 라상곡길견찬(羅桑曲吉堅贊)

라상곡길견찬은 1567년(명 강경[隆慶] 원년)에 후장의 납죽갑이(拉竹甲爾) 지방 사람으로 태어났다. 1580년 출가하여 수미계를 받았다. 1589년 비구계를 받고 더불어서 라싸로 가서 변론에 참가하여 "대덕(大德)"이라는 칭호를 얻었다. 1600년 찰십윤포사(扎什倫布寺)의 치바에 임명되었다. 1616년 4세 달라이가 사망한 후 황교는 압박과 제재를 받게 되어 곤란한 지경에 처하게 되자 라상곡길견찬은 라싸로 가서 철방사와 색납사의 치바로 임명되어 황교의 사무를 주지하게 되었다. 당시 짱파칸(藏巴汗)은 달라이의 전세(轉世)를 허락하지 않았다. 라상곡길견찬은 짱파칸의 병을 치료하기 위해 짱파칸에게 가 3대사가 달라이의 전세영동을 찾아서 방문할 수 있게 하도록 윤허해 달라고 설득했다. 1622년 4세 판첸이 5세 달라이에게 계를 받아 5세 달라이가 경을 배우는 것을 지도했다. 1637년 그와 5세 달라이가 상의하여 쿠시칸부(固始汗部)를 이끌고 티베트로 들어오게 하여 황교의 짱파칸을 압박 제재하여 갈마지방의 정권을 궤멸시켰고, 갈단파장(噶丹頗章) 지방정권을 건립했다.

1642년 황교파 라마 이라고극산(伊喇固克散, 곧 윤청곡길) 일행은 성경(盛京, 곧 심양[沈陽])으로 가서 청 태종을 조견했다. 1644년 청 태종이 준 달라이, 판첸의 친필 편지와 예물을 가지고 라싸로 돌아와 4세 판첸에게 "금강대사(金剛大師)"라는 존호를 증여했다. 1645년 쿠시칸이 라상곡길견찬에게 "판첸박극다(博克多)"라는 칭호를 증여해 주는 동시에 그로 하여금 찰십윤포사에 상주하면서 후장 부분의 지역을 그에게 귀속시켜 관리하도록 기획하여 달라이의 세력을 약화시키고자 하였다.

1651년 청 정부는 4세 판첸과 5세 달라이를 북경으로 초청하였으나 당시 80여 세인 그는 먼 길에다 산을 넘고 물을 건너야 하는 길을 갈 수가 없어 북경에 가는 일을 거절하였다. 1662년 라상곡길견찬은 찰십윤포사에서 96세의 나이로 원적했다. 그가 사망한 후 판첸활불 계통은 또 다시 전세제도를 채용하기 시작했다.

5) 5세 판첸 라상익서(羅桑益西)

5세 판첸 라상익서는 1663년(청 강희 2년) 후장 접퇴삼(接堆參)지방의 한 농가에서 태어났다. 그는 판첸 전세영동으로 인정된 후 1667년에 찰십윤포사에서 좌상에 올랐고, 후에 5세 달라이를 스승으로 하여 경전을 학습했다. 1695년 청 정부는 판첸을 북경으로 불러 법을 널리 알리라고 하였으나 천연두가 낫지를 않았기 때문에 상서를 올려 북경에 가지 못한다고 설명을 했다.

1697년 5세 판첸은 제파상결갸초(第巴桑結嘉措)의 청에 응해 6세 달라이 창앙갸초(倉央嘉措)에게 계를 받았다. 1705년 창앙갸초가 북경으로 압송되어 간 후 라짱칸(拉藏汗)은 익서갸초(益西嘉措)를 6세 달라이로 옹립하였으나 3대사와 청해(青海) 몽고 제부(諸部)의 반대에 부딪쳤다. 인심을 안정시키고 티베트지방의 국면을 안정시키기 위해 1713년 청 정부는 정식으로 라상익서를 "판첸액이다니(額爾德尼)"로 정식 책봉했다. 달라이에 대한 예와 같이 금책, 금인을 주었고, 5세 판첸이 라싸에 와서 황교의 사무를 주지하도록 명했다. 후에 청 조정은 티베트 상층 계층이 여러 차례 권력을 쟁탈하기 위해 난을 모의하자 강정(康定), 리당(理塘), 파당(巴塘)을 사천(四川)에 귀속시키고, 중디앤(中甸), 웨이시(維西), 바이뒨(白墩)을 윈난(雲南)에 귀속시켜 장차 찰십윤포사 서쪽에서부터 아리(阿里)에 이르는 지역을 판첸에게 주어 관할하도록 명령하여 티베트 상층 계층의 실력을 분화시켜 약화시키고자 했다. 5세 판첸은 이를 받아들이지 않으려 했고, 후에 주장대신의 설복을 통해 비로소 납자(拉孜), 앙인(昂仁), 팽조림(彭措林) 3종(宗)을 접수하여 관할했다. 1737년 5세 판첸은 75세에 원적했다.

6) 6세 판첸 라상패단익서(羅桑貝丹益西)

6세 판첸 라상패단익서는 1738년(청 건륭 3년)에 후장 향찰희자(向扎希孜)지방에서 전세(轉世)가 되었다가 1741년에 좌상에 올랐다. 후에 라싸에 와 7세 달라이를 배알하고 스승으로 섬기며 경을 배웠다. 1757년 7세 달라이가 사망한 후 6세 판첸은 황금 7천 량으로 네팔의 장인을 청하여 7세 달라이를 위해 금탑을 건립했다. 1765년 8세 달라이를 에게 계를 받았다.

판첸 세력을 유지하기 위해 달라이 계통의 세력을 약화시키자 청 정부는 6세 판첸이 8세 달라이에게 계를 주는 기회를 빌려 금책 13책, 금 230량, 금인 하나, 금 208량을 하사했다. 1777년 청조 정부는 다음과 같은 명을 내렸다. "황상은 불교를 신봉하여 만민에게 은혜를 베풀고자 하여 밝은 부처의 얼굴을 보이게 하라". 그리하여 6세 판첸이 북경에 가서 알현했다. 청 정부는 특별히 르하(熱河) 청더(承德)의 피서산장(避暑山莊) 부근에다 수이복수사(須彌福壽寺)를 수리복원하여 판첸에게 준 후 거주케 했다. 그 양식은 찰십윤포사를 완전히 모방한 양식이었다. 1779년 판첸은 3대 켄보 및 관원, 고승 100여 인을 데리고 북경으로 갔다. 건륭제는 사람을 파견하여 연도에서조차 융숭하게 영접했다. 건륭은 또한 티베트어를 배우는데 노력하여 판첸과 대담할 수 있게 준비하기도 하였다. 1780년 판첸이 청더에 이르자 건륭제는 지극히 융중하게 접대하였다. 같은 해 8월 7일 건륭이 70세 생일을 맞이하자 6세 판첸은 수행원을 인솔하고 건륭제를 위해 무량수경(無量壽經)을 염송하면서 예를 올리며 경하했다. 1780년 11월 6세 판첸은 천연두가 위중하여 북경 서황사(西黃寺)에서 43세로 원적했다.

6세 판첸이 사망한 후 건륭제는 실성하듯 통곡하여 거의 혼미해질 정도에 이르렀다.

황금 7000량을 하사하여 사리금감(舍利金龕)을 만들어 판첸의 시신을 금감에 넣게 하였다. 건륭제는 리번원(理蕃院) 에 명하여 서황사 부근에 청정화성탑(清淨化城塔) 하나를 건립하여 6세 판첸을 공양하는 경과 주술을 외우게 했고, 친히 탑문(塔文)과 찬양하는 글을 찬술했다.

7) 7세 판첸 단필니마(丹必尼瑪)

7세 판첸 단필니마는 1781년(건륭 17년)에 후장 파랑절웅(巴浪節雄) 지방의 농민 가정에서 태어났다. 1784년 좌상에 올라 8세 달라이가 그를 위해 계를 주었다. 후에 경을 배우고 법을 구하기 위해 현밀 두 종을 수련했다.

1791년 서장에서 사마니파(沙瑪尼巴)사건이 발생했다. 각주갸초(却朱嘉措)는 6세 판첸 라상패단익서(羅桑貝丹益西)의 동생이었다. 갈마까쥐(噶瑪噶擧)의 홍모파 10세 활불이었다. 1779년 6세 판첸이 북경으로 갔다. 청 왕실 및 왕공대신들이 그에게 금 수십만 량을 주었고, 더불어서 많은 진귀한 보배와 즐길 수 있는 물건들을 주었다. 이들 재물은 모두 6세 판첸의 형 중파활불(仲巴活佛)이 관장하여 자기 것으로 했다. 그리하여 사마이파가 마음속에 한을 품고 곽이객 사람들과 연계하여 후장에 침입하여 찰십윤포사를 약탈했다. 7세 판첸은 이 사건이 발생하기 전에 라싸로 피신하여 거주했다. 건륭이 이 소식을 들은 후 대장군 복강안(福康安)에게 동북에서 데리고 온 색윤(索倫)병사 수 천 명을 이끌고 티베트에 들어가 곽이객 침략자들을 격파했다. 그리고 그들로 하여금 영원토록 감히 변경을 침략해 오지 못하도록 서약하도록 했다. 사마니파는 죄에 대한 문책이 두려워 자살하자 건륭제는 명을 내려 영원히 전세(轉世)를 얻지 못하도록 했다.

사건이 평정된 후 7세 판첸은 찰십윤포사로 돌아왔다. 1802년 7세 판첸은 라싸로 가서 9세 달라이에게 계를 받았다. 1822년 또한 10세 달라이에게 계를 받았다. 1826년 후장 찰희곡달에 절을 세우고 불상을 주조했다. 도광제는 칙서를 내려 "광우사(廣佑寺)"라는 이름을 하사했다. 더불어서 이 사원을 위해 어서(御書) "법계장엄(法界莊嚴)"이라는 편액을 내려 걸게 했다.

1841년 판첸의 60세 탄신일에 도광제는 많은 귀중한 예물을 내려 축하해 주었다. 1842년 선파부락(森巴部落)이 납달극(拉達克)을 침략해서 점령했고 더불어서 기회를 타고 아리지역을 침입했다. 티베트지방정부는 군사를 파견하여 이들에게 저항하며 공격했으나 공급이 곤란하여 승리를 취할 수가 없었다. 판첸은 대량의 물자를 원조하여 양식을 충당하게 했고, 후장 군은 선파인들을 패퇴시켜 포로 800여 인을 잡았다. 청 정부는 상주문을 보고 받은 후 판첸에게 "선화수강(宣化綏疆)"이라는 4자의 봉호를 상으로 하사했다.

1844년 섭정하는 책만림활불(策滿林活佛)과 주장대신 기선(琦善) 간에 모순이 발생하자, 도광제는 명을 내려 책만림활불에게 황룡강(黃龍江)으로 가서 안치하도록 했다. 기선이 청 정부를 향해 상서를 올려 판첸에 의해 상업상 사무를 장악하여 처리토록 하라고 건의했다. 3년 후 판첸이 상업 직무를 사퇴하고 찰십윤포사로 돌아가 수행에만 힘썼다. 1851년 판첸이 7순이 되자 함풍제는 성지를 내려 포상했다. 1853년 7세 판첸은 72세로 원적했다.

8) 8세 판첸 단필왕곡(丹必旺曲)

8세 판젠 단필왕곡은 1854년(청 함풍 4년)에 후장 타가(陀賈)지방에서 태어나 금병체첨 제도에 따라 판첸의 전세영동으로 확정되었다. 1860년 찰십윤포사에서 좌상에 오르자 함풍제에 의해 파견된 흠차대신 선독(宣讀)이 황제에게 상소를 올려 백은 1만 량과 재물을 하사하여 축하의 뜻을 보였다.

8세 판첸은 현밀 2종을 모두 깊이 이해했고, 의학에 아주 심오했으며, 평생 황교의 계율을 중시했다. 1882년 찰십윤포사에서 29세에 원적했다. 판첸이 사망한 후 광서제는 은 5천 량을 하사했고, 제례의식으로써 그를 보살폈다. 더불어 찰살(扎薩)라마에게 명하여 라상등주양리(羅桑登朱讓理) 판첸에게 정교(政敎) 사무를 관할케 하라고 했다.

9) 9세 판첸 각길리마(却吉尼瑪)

9세 판첸 각길리마는 1883년(청 도광 9년)에 전장의 탑포(塔布)지방에서 태어났다. 8세 판첸이 사망한 후 3인이 영동을 찾아냈는데, 체첨에 의한 결정을 통해 탑포지방의 영동을 9세 판첸으로 정했고, 1892년에 좌상에 오르게 했다. 1904년 영국군이 라싸에 침입해 들어오자 달라이는 피신했다. 주장대신이 청 정부에 상주하여 9세 판첸을 라싸로 가게 하도록 하여 전 티베트의 정교 사무를 관장하게 했다. 판첸 고급(顧及)은 달라이와 판첸의 관계와 환경이 아주 어렵다는 것을 알게 되자 재삼 취임하지 않겠다고 고사했다.

같은 해 영국 태자 조지(喬治)가 판첸을 강박하여 인도로 가게 했으나 판첸은 여러 차례 이를 거절한 후에 청 정부에 대해 “국권을 상하지 않게 하고 자비를 품게하라”는 종지(宗旨)를 말하고 인도로 가서 경을 강론했고 다음 해 3월에 돌아왔다. 영국의 침략세력이 납롱(拉攏) 판첸을 옹립하려는 음모가 깨진 후, 달라이 계통을 지지하는 쪽으로 돌아갔고, 달라이와 판첸 간의 관계를 도발시켰다.

1910년 쓰촨(四川)군대가 티베트에 들어오자 달라이는 인도로 갔고, 판첸에 대한 압력을 가해 벌로써 은 4만 량을 내라고 했으며, 더불어서 판첸 관할구가 갈하정부를 향해 지오납(支烏拉)에게 납세하라고 하고 찰십윤포사의 내부 사무를 간섭했다. 이는 결국 달라이와 판첸 간의 모순을 격화시켜 1923년 11월 15일 저녁 판첸은 비밀리에 외부로 나갔고, 1925년 북경에 가서 북경 각계 사람들이 열을 지어 환영하는 우대를 받았다. 같은 해 8월 1일 정부는 명령을 내려 판첸에게 “선성제세(宣誠濟世)”라는 명호를 주고 금책과 금인을 주었다.

1928년 남경에 국민당 중앙정부가 성립되자 판첸은 사람을 파견하여 경하토록 했다. 1929년 판첸은 남경에 주경판사처(駐京辦事處)를 설립하였다. 1931년 판첸은 국민당정부의 명령에 의해 국민의회에 참가하였다. 같은 해 국민당정부는 판첸에게 "호국선화광혜대사(護國宣化廣慧大師)"라는 명호를 수여했고, 매년 12만 위안(元)의 월급을 주기로 했으며, 옥인(玉印), 수책(授册), 영문(令文)을 발급했다. 1932년 국민당정부는 또한 판첸에게 "서수선화사(西陲宣化使)"라는 직위를 수여했다. 더불어 그의 즉위식을 극진하게 거행했다. 1934년 국민당정부가 주도하는 13세 달라이에 대한 추도 제전에 참가했다. 같은 해 국민정부 위원으로 선출되었으나 허락을 받고 티베트로 돌아왔다. 그러나 시종 영국의 침략세력과 티베트의 친영분자들에게 둘러싸여 저지를 받았고, 국민당 정부의 면전에 대한 직접적 압력으로 말미암아 판첸은 티베트로 돌아온 뒤 적극적으로 타협하는 태도를 취소하는 정책을 취했다.

1937년 12월 판첸은 청해(青海) 옥수결고사(玉樹結古寺)에서 55세로 원적했다. 국민정부는 "호국선화광혜원각대사(護國宣化廣慧大師)"라는 봉호를 추증하였다. 9세 판첸은 1923년 내지로 온 후 내륙 각지에서 15년간 생활하면서 평화통일을 주장했고, 제정에 반대하면서 일본에 항거하는 일을 옹호했으며, 9차례의 금강법회를 열었다. 그의 법회에 참가한 사람은 10만 명이 넘어 그 영향력이 대단했다. 그는 마지막으로 청해에서 사망했는데, 시종 찰십윤포사로 돌아가기를 원했음에도 실현하지를 못했다.

10) 10세 판첸 각길현찬(却吉堅贊)

10세 판첸 각길견찬은 1938년 청해성 순화현(循化縣) 온도향(溫都

鄕)의 한 농가에서 태어났다. 1941년 종교의식에 따라 영접되어 청해 탑이사에 도착한 후 공양(供養)을 받았다. 국민정부의 명령으로 체첨이 면제되었고, 1949년 탑이사에서 좌상에 오르는 전례가 거행되었다. 1949년 10월 1일 판첸은 모택동과 주덕 사령관에게 전문을 보내 중화인민공화국의 성립을 축하해 주었다. 또한 중앙인민정부를 옹호하고 티베트가 빠른 시일 안에 해방되기를 희망했다. 티베트가 평화적으로 해방된 후 판첸은 1952년에 티베트로 돌아왔다. 판첸대사는 제1회 전국인민대표대회 상무위원회 위원을 역임했다. 그리고 제2, 제5, 제6, 제7회 전국인민대표대회 상무위원회 부위원장을 담임했으며, 제2, 제5 전국정치협상회의 부주석, 제3, 제4회 전국정치협상회의 상무위원을 역임했다. 그리고 티베트자치구 주비위원회 제1부주임위원, 대리주임위원을 역임했고, 1963년 이래 줄곧 중국불교협회 명예회장을 담임했다.

제8장

티베트불교가
티베트사회에 대한 영향

불교는 7세기 때 티베트에 들어와 번교와의 투쟁과 융합과정을 거쳐 많은 교파를 형성했다. 특히 15세기의 황교가 형성된 후 청 황실과 몽고, 티베트 지방 등 봉건세력의 적극적인 지지 하에서 티베트는 점점 통치적 지위를 얻게 되었다.

경제상에서는 사원집단의 독립적인 경제력을 형성하게 되었고, 티베트 3대 영주 중의 하나가 되었다.

정치상에서는 완전한 "정교일치" 제도가 형성되었다. 실제상에서 티베트지방의 모든 정치 세력을 통제했다. 문화와 사회생활 방면에서 사원들은 티베트지방의 모든 문화를 농단했고, 사회생활의 구석구석까지 침투했다.

종합적으로 말해서 티베트불교는 모든 방면에서 티베트사회에 엄청난 영향을 끼쳐 티베트사회의 발전에 심각한 장애를 가져다 주었던 것이다.

1. 티베트불교의 티베트 경제에 대한 영향

티베트 불교사원 집단이 독립된 경제를 형성한 후에 티베트의 생산자료와 사회적 재부를 대량으로 점령하여 사원들은 티베트의 3대 영주 중 하나가 되었고, 많은 농노들의 우두머리가 되어, 하나의 엄청난 큰 산처럼 되었다. 통계에 의하면 전 티베트에는 사원이 2,700개 이상이 있는데, 이들이 점유하고 있는 경지면적은 118만 5천 극(克 : 1극은 1무[畝]와 같으며, 지방에 따라 다르나 약 200평(坪)에 해당한다 - 역자 주)으로, 전체 티베트 경지면적의 39%와 목장 400여 곳 이상을 차지하고 있으며, 농노만 10수 만 명을 소유하고 있었다고 한다.

납살철방(拉薩哲蚌), 색랍(色拉), 감단(甘丹) 등 3대 사원은 장원이 300여 개나 되고, 토지는 14만 4천 무(畝)가 넘으며, 목장 200개 이상을 소유하고 있다. 큰 가축이 16만 1,700여 마리 이상이고, 고리대로 놓은 양식이 5,900만 근(斤)이 넘으며, 농노와 목장의 노예가 7,500명이 넘고, 가옥이 49,600여 채나 되며, 더불어서 라싸시에 있는 가옥들만 100개의 원(莊園)과 대소 궁전(林卡) 160여 개, 사원의 상층 라마에 속하는 "라양(喇讓)"이 점유하고 있는 재산은 더욱 많다고 했다. 예를 들어 공덕림치불(功德林治佛)은 장원 50개를 소유하고 있고, 경지는 1500무, 목장은 3곳, 가축은 8,000두, 고리대금은 13만6천 위안(元), 대부한 양식은 37만5천 근, 상업자본은 13만 위안, 농노와 목장의 노예는 수 천 명에 이르렀다고 했다. 철방사(哲蚌寺)는 대소치불(大小治佛) 128인이 있는데, 그들은 모두가 서로 다른 "라양(喇讓)"으로서 개인 재산을 가지고 있었다. 이외에 사원은 또한 큰 면적의 산을 자신이 통제하는 범위를 정해놓고 "신산금지(神山禁止)"라는 경계 하에 자신의 소유지로 했다.

티베트불교의 광범위한 전파는 승려들의 숫자를 놀라게 할 정도로 많이 늘려놓았다. 그리하여 사회에는 일하지 않고 놀고먹고만 지내는 수많은 기생계층이 생겨나게 되었고, 이는 티베트의 인구 증가와 사회 생산력 발전에 심각한 장애를 가져다주었다. 티베트 민주개혁 시기의 통계에 의하면 전 티베트에는 승려가 112,600명이나 되었고, 그 중 상층의 라마가 4천 명이 넘었다고 했다. 승려들이 티베트 총인구의 10%를 점했던 것이다. 남성들 중에서 승려가 차지하는 비율은 40%를 점했다. 사회상에서 이처럼 많은 자들이 결혼을 하지 않고 생산노동에 직접 참가하지 않았으니 그 좋지 않은 결과는 상당히 심각한 것이었고, 이는 필연적으로 인구의 감소와 사회 생산력의 하강을 가져오게 했다. 1763년에서 1795년까지의 통계를 보며 티베트 인구는 약 200만 명이었다(창도[昌都]지구는 포함하지 않음). 그러나 민주개혁 전에는 87만 명으로 감소했다(창도지역을 포함하지 않음).

사원의 잔혹한 경제적 착취와 노동대중에게 부여하는 부담은 매우 무거웠다. 사원에서도 토지와 목축을 대량으로 점하고 있었는데, 이를 이용하여 수많은 농노들에게 고액의 토지임대료와 목장 임대료를 받았다. 3대 사원의 예를 보면, 매년 수입하는 양식은 33만 5천 극(근으로 환산하면 844만 1천여 근), 수유(酥油)가 5만 2천여 극(근으로 환산하면 130만여 근)이었다.

그 외에 노역으로 지불하는 땅에 대한 임대료가 있었는데, 대체로 한 사람 당의 강지(崗地, 비탈밭 - 역자 주)"가 12극 좌우였고, 한 사람의 노동력을 내어서 전 년의 무상 노동분을 대체토록 해야 했다. 이들이 이렇게 해서 빼앗긴 량은 70%이상이었다. 이 외에도 사원은 직접 군중 난민들에 대해서 가혹한 여러 가지 잡세도 징수하였다. 철방사는 이러한 항목의 수입만으로 매년 대양(大洋) 1만 위안을 착취했다.

사원에서 착취하는 다른 한 대형 항목은 바로 고리대였다. 완전한 통계는 아니지만, 이들 통계에 의하면 철방사에서 근 100년간에 놓은 채권의 누계는 양식이 1억 6천 만 근이나 됐고, 은 1억 위안을 각각 5천 호의 농노에게 빌려주었다. 그리하여 매 호마다의 부채 식량은 3만 2천근이었고, 은 2만 위안이나 되었다.

또 다른 예를 들어 보면 찰십윤포사(札什倫布寺), 백거사(白居寺) 등은 매년 양식을 고리대로 놓고 1년에 받는 이자가 모두 10%에서 20% 좌우로 높았다. 토지에 대한 세금을 받는 외에 티베트의 관례에 따라 각 대 사원에서는 지방정부로부터 보조금을 받았고, 사원의 명대로 보시, 기부금, 경 읽어주기, 점치기 "신약(神葯)"을 파는 등의 수단을 이용하여 군중들에 대한 엄청난 경제적 착취를 진행했다. 보시 하나만 보더라도 철방사는 매년 수입으로 들어오는 식량이 32,900근이었고, 수유 112,500근, 티베트 은 310만 량이었다. 사원에서는 강제적인 방법을 취해서 명목도 많았는데, 예를 들면 바람을 막아주는 것, 비를 오게하는 것, 재해를 소멸시켜 주는 것 등을 한다면서 그러려면 신에게 경을 읽어주어야 한다고 하여 군중들에게서 강제로 보시를 하게 했다. 예를 들면 철방사에 소속된 아주장원(阿朱莊園)은 모두 100호가 있었는데, 500무를 경작했다. 여기서 매년 경을 읽어준다는 명목으로 보시를 하게 했는데, 이는 토지 수확량의 10%나 되었다. 사원에서는 "신약"을 내놓고, 호신 부적인 "사오(嗄烏)" 등을 팔아 군중들의 재물을 편취했고, 많은 사원들은 상업을 경영하여 군중들에 대해 그 물건에 합당하는 가격만큼으로 교환을 해 주지 않고 거래를 하여 엄청난 폭리를 취하였다.

종교는 대량으로 인력, 물력, 재력을 낭비케 하여 사회의 재부를 소모시켰다. 티베트에는 모두 크고 작은 절이 2천 개가 넘었다. 대다수가 여러 층의 건물로 되어 있었기에 마치 버섯처럼 솟아나와 있었고, 지붕이 연접하여 있었으며, 벽은 금색으로 번쩍 번쩍 빛이 나게끔하여 엄청난 장관을 자랑했다. 매번 절을 건축할 때마다 적어도 10년 혹은 수십 년을 필요로 했다. 여러 채를 건립하게 되면 100년의 시간이 소요되었다. 그러다 보니 사회적 재부가 얼마나 소비되고 노동력 낭비가 얼마나 되는지 조차 알 수가 없을 정도였다. 매 사원을 건립할 때면 모두 대량의 금은보화를 모아들였는데, 13세 달라이의 영혼탑을 건립하는데만 황금 18,000량 이상이 들었다고 했다. 포타라궁의 13세 달라이의 영혼탑 전각 속에는 하나의 진주로 된 탑이 건립되었는데 20여만 개의 진주와 산호로 만들어 진 것이다. 그야말로 짐작할 수 없을 정도의 값이 나가는 것이었다. 사원에서 매번 진행하는 한 번의 종교활동을 할 때마다 모두가 사회의 재부를 엄청나게 낭비시켰다. 매 사원과 신전 안에는 수천 수백 잔의 수유 등이 밤새도록으로 켜져 있었고, 신에게 공양하기 위해 불태워 지고 버려지는 양식, 의복, 종이 등 사용되는 물품은 그 수를 헤아릴 수도 없었다. 통계에 의하면 출가한 자가 없는 보통의 신도들은 매년 종교활동에 사용하는 시간이 80여 일이나 되었다. 많은 신도들은 집과 고향으로부터 성지로 가는데 오체투지로써 절을 하며 가야 했다. 이렇게 한 번 왕복하는데 몇 년의 시간을 소비해야 했다. 어떤 사람은 길 위에서 지쳐 죽기도 하였다.

사원은 또한 종교 미신을 이용하여 생산 발전을 제한하고 저애시키곤 했는데, 티베트 지역의 많은 크고 좋은 산천을 "신산신수(神山神水)"라고 선포하여, 군중들이 자연 자원을 운용할 수 없도록 금지시켰다. 불교는 살생을 금지하고 군중이 야생동물, 물고기 류의 포획을 허락하지 않고, 해충을 잡는 것조차 허락하지 않는 등 많은 규율을 정했다. 예를 들면 장원을 경작하는 집에다가는 인분 뿌리는 것을 허락하지 않았고, 부녀가 밭을 가는 것을 금지했다. 어떤 지방에서는 철기로 생산하는 것을 금지하는 등 생산 발전과 기술 개혁을 저지했다. 종교의 통제와 영향 하에서 티베트의 수공업은 종교의 미신용 도구와 물자를 대량 생산했는데, 예를 들면 신상(神像), 공양 용기, 돌에다 경을 새긴 조각품, 경의 문장과 주문에 대한 인쇄. 티베트 향의 생산 등이 위주가 되어 티베트의 수공업은 옆길로 빠지게 되어 사람들이 살아가는데 필요한 정상적인 필수품에 대해서는 만족 시키지를 못했다.

종교는 신권을 이용하여 봉건 농노제의 생산관계를 적극적으로 유지했고 수탈할 수 있는 제도를 공고히 했으며, 노동 인민들의 몸을 해방시키는 일을 저지했다. 티베트 불교의 교의, 교규, 교법은 노동인민에 대해 말한다면 모두가 정신을 마취시키고 정신을 틀에 맞춰버렸다. 종교는 인간들에게 현실적 아름다운 생활의 실현을 쟁취하기 위한 투쟁을 못하도록 망각시켰으며, 그저 소나 말처럼 일하는 것만도 감사하게 생각하도록 만들어 고통과 곤란한 생활을 겪게 만들었다. 이는 예전 티베트의 생산 발전을 완만하게 했고, 인민생활이 고통을 받아야 했던 하나의 중요한 원인이었다.

2. 티베트불교가 티베트 정치에 미친 영향

티베트불교는 봉건농노제도의 기초 위에서 봉건 통치자와 서로 연결된 상태에서 건립되어졌다. 정권과 신권이 긴밀하게 결합된 상황 하에서 승려귀족의 전정(專政)과 연합한 "정교합일"제도를 형성하였고, 동시에 종교의 특권을 이용하여 인민 군중에 대한 잔혹하고 야만적인 피의 통치를 진행하여 티베트사회에 심각한 나쁜 결과를 가져왔다.

정교합일은 승려귀족이 전정과 연합한 제도로 구 티베트에 있었던 기본적인 정치제도였다. 티베트의 정교합일제도의 연원은 11세기로부터 시작되었는데, 당시는 승려와 신흥 봉건세력이 서서히 결합하여 각 지방의 통치세력을 형성하였다. 13세기 중엽에 살가파(薩迦派)는 원나라 중앙정부의 정식 책봉을 받아 티베트의 정치권력을 장악하게 되어 사원 또한 커다란 특권을 얻게 되어 이로써 정교합일 제도가 이미 형성되게 되었다. 14세기 중엽에 이르러 까쥐파의 파죽(帕竹) 지파가 티베트의 정권을 장악하게 됐을 때, 정교합일 제도는 한 발 더 발전하였다. 17세기 후반기 황교 사원 집단의 제5세 달라이는 청나라 중앙정부의 책봉을 받았는데, 그 후 정치권력이 이전하는 투쟁을 거친 후 티베트 지방의 정권을 드디어 장악하게 되었다. 정교합일, 승려귀족이 전정제도와 연합하게 되어 공전에 없던 발전을 가져왔고 충실한 발전을 하게 되었다. 그리하여 모든 행정조직을 확립하게 되었고, 각급 승려 관원의 품계, 직위 명칭과 정원을 규정하여, 승려의 상층 집단과 세속 귀족집단이 정치상에서 고도의 결합을 이루게 되었던 것이다.

황교사원집단은 달라이를 최고 신분으로 하여 그 아래에 상층의 승려들과 세속의 귀족들이 참가하도록 하였는데, 원 티베트지방의 갈하 정부에 가룬(噶倫) 4인을 설치하여 1승 3속의 비율로 위임케 하였고, 승려 관원 가룬이 배열상의 제일 앞자리에 있게 되었으며, 모두가 3품관(청나라가 규정함)으로 규정했다. 후에 또한 대리가룬(代理噶倫)과 조리가룬(助理噶倫) 수명을 증원 설립하여, 가룬이 처리해야 할 일상적인 사무를 협조토록 했다.

갈하(噶廈)정부 아래에는 두 개의 병렬기관이 있었다. 곧 자강(仔康)과 역창(譯倉)이었다. 자강은 회계를 감사하고, 속관(俗官)의 위탁 파견, 조정관 파견, 훈련 등을 시키는 곳으로 각자에게 세금 수입과 재정에 대한 지출 등의 책임을 지게 했다. 자강에는 자본(仔本) 4인을 배치하였는데 모두 4품의 속관이었다. 역창은 비서처로 지방정부를 영도하는 것 외에 직접 달라이의 영도를 받았다. 역창은 또한 달라이의 관인(印信)을 보관하는 책임이 있어 지방정부에 보내는 일체의 공문에는 모두가 역창의 도장을 받은 후에야 비로소 효과가 있었다. 따라서 역창은 비록 지방정부의 영도를 받았으나 한편으로는 지방정부를 감독(4품관에 상당함)하는 작용도 하였던 것이다. 역창에는 중역흠파(仲譯欽波, 의미는 대비서) 4인을 설치했는데 모두 “감구(堪究)”로 승관(僧官)이 담임했다.

지방정부는 자강과 역창을 세우는 외에 20여 개의 사무기관이 있었는데 이를 "늑공(勒空)"이라 했고 서로 다른 사무를 관리했다. 이들 각 기관은 승속관원에 의해 책임지어졌는데 모두 4품관이었다.

지방정부는 이하의 구역행정기관을 "기교(基巧)"와 "종(宗)" 양급으로 나누었다. 기교는 전구(專區, 중국 행정단위의 하나인데 성과 현의 중간에 해당함 - 역자 주)에 상당했는데, 4품 이상의 승속관원(僧俗官員) 각각 1인이 배치되었고, 각 종(宗) 정부의 일체 정무와 사무를 지휘하고 감독했다. 종(宗)은 현에 상당하는데, 기교정부의 영도를 받았다. 매 개의 종에는 종 내의 행정, 사법, 양부(糧賦, 곡물로 내는 토지부가세), 세리(稅吏) 등의 사무를 책임지는 자들이 1 내지 2명이 있었다. 원래 서쪽 티베트지방정부는 147개의 종이 있었다. 종 이하의 조직은 농구(農區)에 계카(谿卡, 장원[莊園]을 지칭함 - 역자 주), 목축지역은 학카(學卡, 부락 혹은 여호[如互]라는 의미. 여호란 원래는 일종의 군사조직이었으나 후에 부락 성격의 단위로 변했다 - 역자 주) 등이 있었다. 지방정부사원과 귀족 개인의 계카(谿卡) 혹은 부락에 대하여 정해진 예에 따라 세액을 할당했고 기타 다른 권리는 없었다.

후기 티베트는 판첸이 관할하는 지역에서는 정교합일제 또한 다른 조직형식이었다. 판첸 아래에 3개로 구별되는 조직계통이었다. 찰십윤포사, 판첸 라양, 켄보회의청(堪布會議廳)이 그것이었다. 켄보회의청은 행정기구로 13명의 위원으로 조성되었고, 아래에는 많은 사무를 처리하는 기구가 있었으며, 그리고 그 아래 종(宗), 계카(谿卡) 등 하부 예속 조직이 있었다. 감청과 각 사무 처리기구의 주요 책임자는 모두가 승관(僧官)들이었다.

원래의 티베트지역의 정교합일제도는 상층의 승려와 세속귀족이 연합한 전정(專政)이었다. 그러나 권력을 똑같이 나누어가지는 것은 아니었다. 종교사원이 신권을 이용하여 실제상으로 정권에 대한 통제를 할 수 있도록 하기 위한 작용을 하게 한 것이었는데 이는 몇 가지 방면에서 분석할 필요가 있다.

역대 달라이들은 최고의 종교 수령이었다. 또한 모두가 티베트 최대의 농노주였다. 동시에 또한 티베트지방 정부의 수령이기도 했다. 달라이는 '신'의 명의로 티베트 3대 영주의 최고 통치권을 모두 장악했다.

달라이가 아직 어려서 친정을 하지 못할 때는 티베트정부가 섭정장왕(攝政藏王)을 세워 전체 티베트 사무를 대리케 했다. 오로지 3대사의 호도극도(呼圖克圖) 혹은 감단(甘丹)치바 등이 섭정을 할 지격을 가지고 있었다.

티베트 지방정부에 속한 각 사무담당 기관으로는 "기교(基巧)"와 "종(宗)" 양대 행정기관이 있었는데, 이들 책임자는 모두가 승관이 우두머리였다. 승관은 정직(正職)이고 속관은 부직(副職)이었다. 갈하정부(噶廈政府)는 가룬 4인을 뒀는데, 가룬(噶倫)의 우두머리 또한 모두 승관이었다.

원래의 티베트지방정부는 모든 중대한 문제를 처리함에 있어서 반드시 먼저 3대사의 동의와 지지를 얻어야 했고, 그렇지 않으면 진행할 수가 없었다.

많은 명망 있는 상층 승려들은 티베트지방정부에서 모두 명예직만 가지고 있었다. 3대사의 켄보, 감소는 모두 일정한 관흠(官銜)을 가지고 있었는데, 그들은 모두 갈하회의에 정식으로 출석하거나 열석했고 직접적으로 정사에 참여했다.

3대사가 직접 각급 관리를 관할지역에 위탁 파견하였는데, 그 직권은 갈하정부가 위탁 파견한 관리와 동급관리였다. 사원과 갈하(噶廈)의 명을 받은 이중(二重)의 영도자들은 그 정령(政令)을 집행하였다.

라마는 승적에서 제외시키거나 사원에서 나가게 되어도 정부가 직접 그들에게 죄를 묻지를 않았다. 사원에 속해 있는 백성들의 규분은 사원이 스스로 처리했고 정부는 간섭하지 않았다. 사원이 판결하고 정부가 판결하는 것은 동등한 법률적 효력이 있었다.

종교의 정치적 관여에 대한 다른 한 방면은 법률상에서 표현되었다. 불교교의와 "신분"은 법률적 근거로써 제정되었다. ≪서장왕통기(西藏王統記)≫ 중의 기록에는 다음과 같은 기록이 있다. 일찍이 토번왕조 시기 "불법의 10선(善)을 근거로 하여 국법을 제정한다"고 했다. 국법을 제정하는 것은 "종교교의를 법률화한 것으로, 이를 통해 종교의 전파를 유리하게 한 것이며, 또한 노예제도 혹은 봉건농노제도를 공고히 하는데 유리케 함이었다." 예를 들어 불교의 인과응보를 근거로 하여 말한다면, 법률은 사람을 3등 9급으로 나누었다. "욕됨을 참고 싸우지 말라" "분수를 지켜 자기 스스로를 지켜라" 등의 종교 신조에 근거하여 귀족을 침해하지 말고 아래로는 범죄를 짓지 말라는 것 등을 규정했던 것이다. 종교상의 "선" "악"의 도덕표준을 근거로 하여 시비곡직을 재단하고 법을 세우고 법을 시행했다. "평상인의 재물을 7에서 8배에 해당하는 벌금을 뒤집어 씌워 빼앗았고, 승려와 사원의 재물을 도둑질 했을 때는 80배를 물어내도록 했다. 티베트왕의 재물을 훔쳤을 때는 1만 배를 물리고 사형에 처했으며 그 재산을 몰수했다." "상층 사람의 피를 내게 했을 때는 피 한 방울에 벌금 1전(錢)을 부가했고, 윗사람이 아랫사람에게 실수로 부상을 입혔으면 양심에 따라 치료해 주도록 했다." "무릇 주인과의 약속을 지키지 않은 자는 구속을 당했다." "아랫사람이 윗사람에게 범죄를 저지르면 그 상황에 따라 다르나 눈을 뺀다거나, 혀를 자른다거나, 다리를 자른다거나, 살육까지 했다."

"무릇 윗사람 목숨의 가치는 시체와 동등하게 중시되었고, 하등 사람 목숨의 가치는 한줄기 풀과 같았다." 이러한 야만스럽고 잔혹한 법률 조문은 모두가 종교교의 속에서 찾아내어 근거로 삼은 것이었다. 사원의 라마는 모두 이러한 법률에 대해서 "합리" 적인 해석을 했던 것이다.

이외에 사원에서는 또한 종교의 특권을 이용하여 법정, 감옥, 형구 등을 가지고 전정수단으로 삼았다. 그리하여 직접적으로 잔악하게 해를 끼치고 노동군중을 진압했다. 거의 모든 사원에서는 종교법정, 감옥, 각종 사람을 놀라게 할 형구 등을 설치해 놓았다. 사원법정 혹은 상층 라마는 직접 민사와 형사사건을 접수하고 수리하면서 판결을 내렸다. 더불어 신불의 뜻을 빌려 많은 성문화 되지 않은 법을 선포했고, 안건에 대해서는 "신이 단죄한다"는 식으로 온갖 악행을 저질렀다.

티베트의 종교사원은 대부분이 직접 무장역량을 가지고 있었는데, 이는 농노지배계급에게 가장 충실한 도구였다. 티베트 각 사원의 대부분은 모두 무장 대오를 가지고 있었는데, 3대사는 일종의 달포타(達布躲)라고 칭하는 승려가 있어서 장발을 하고, 칼과 창을 차고 자신의 신도(神道)를 공양 봉사하고 계투를 업으로 삼으며, 필요시에 그들은 바로 노동군중의 저항을 진압하고 혹은 결사대로 충당되었다.

종합해서 말하면 티베트불교는 "목사(牧師)"의 직능을 가지고 있었을 뿐만 아니라 직접 사람을 해하는 자들을 충당하고 있었던 것이다. 종교가 직접 개인의 정치 영역에 개입함으로 말미암아 신권이 정권을 통제했고, 티베트종교에서 일종의 순수한 의식은 멀어진 상태가 되었으며, 실제상으로는 상당한 역량의 경제와 정치적 실체를 가지고 있었던 것이다. 그는 가장 암울하고 가장 잔혹하게, 그리고 가장 야만적인 봉건농노제도를 유지 보호하고 공고히 하여 노동인민들에게 엄청난 재난을 가했던 것이다. 이는 당연히 티베트사회의 발전을 심각하게 저해했던 것이다.

3. 티베트불교의 티베트 문화와 사회생활에 대한 영향

종교사원은 티베트의 모든 문화를 농단했다. 티베트의 노동인민들은 오랜 기간 동안 사회생활 중에 과학 기술지식, 문화예술 등을 창조해 냈다. 그러나 이러한 것들은 종교에 의해서 고쳐지고 종교화 되면서 한층 더 신비로운 외투를 입게 되었다. 당연히 객관적으로 사원은 또한 대량으로 티베트의 문화유산을 보존해 주었다. 더불어 티베트문화가 여러 독특한 방면으로 발전해 가는데 자극제가 되어 주기도 했다.

문자, 번역, 인쇄방면에서 대량의 불교경전을 번역하고 인쇄했다. 그리하여 티베트어의 표현능력, 제지(製紙), 각판(刻板), 인쇄 수준 등을 제고시켰다.

티베트어는 송첸감뽀의 문신 탄미상포찰방(呑米桑布扎仿)이 산스크리트어를 모방하여 모종의 글자체를 창조해 냈다고 전해오고 있다. 티베트어의 창조가 가장 빨랐던 것은 불경 번역의 필요성에 의해서였다. 토번왕조시기부터 불경 번역이 시작되었던 것이다. 많은 불경이 티베트어로 번역된 후 새로운 사상, 새로운 이론이 들어와 티베트어도 새로운 어휘, 많은 새로운 표현형식들이 증가하게 되었고 티베트어의 발전을 가져오게 했다. 그러나 이러한 발전은 기형적이고 종교 술어와 불교의 표현 방면으로 치우치게 되었다.

14세기 초에 나당사(那塘寺)의 주지 각등일비열적(却登日比烈赤)이 파스파(八思巴)의 살가사(薩迦寺) 장서를 기초로 해서 제1부 대장경을 편집해 냈다. 감주이부(甘珠爾部)와 단주이부(丹珠爾部)가 티베트에 전해진 불교 경전, 계율, 논을 집대성하였고, 그 후 계속해서 티베트와 내지에서 각종 다른 판본들이 조각되고 인쇄 되었다. 통계에 의하면 영락(永樂), 만력(萬曆), 리당(理塘), 나당(那塘), 덕격(德格), 탁니(卓尼), 베이징(北京), 라싸 등 8개의 다른 판본이 계속 나왔다. 이는 대대적으로 인쇄 수준을 제고시켰고 많은 기술자들을 배양해 냈다. 라싸, 나당, 덕격, 탑이사(塔爾寺), 납복능(拉卜楞) 등 대사원은 몇 개의 인쇄센터가 형성되었다. 대장경 외에 이후 각지에서 티베트 사람들이 스스로 찬술하여 쓴 저작과 많은 목각 불화를 판각하였다. 대량으로 불경을 인쇄할 필요성에 이해 제지업도 이에 따라 발전했다. 줃이지역에서 유명한 좀이 쓸지 않는 종이를 발명하여 쉽게 장기적으로 보존할 수 있어 불경을 인쇄하는 티베트 종이로써 전적으로 제공되었다.

사원의 라마는 번역을 시작했고, 후에는 개인이 찬술하여 쓴 저작이 다방면으로 나타났다. 그러나 절대부분은 모두가 종교와 관계가 있어 이를 총칭해서 "티베트 승려문화"라고 할 수 있었다.

그 첫째 종류는 불경의 주소(奏疏), 교의와 교법에 대한 해석, 각 교파의 전승사료(傳承史料) 등이다. 이 첫 번째 종류의 종교적 기미는 아주 농후하고 문자 표현상에서도 많은 취할 부분이 있다. 그러나 여전히 테비트 종교의 문제를 연구하기 위한 유용한 자료로서는 부실하다고 할 수 있다.

두 번째 종류로는 종교를 믿는 사람들에게 종교적 격언 같은 글귀(信條)를 권유하고 있었다는 점이다. 예를 들면 ≪살가격언(薩迦格言)≫ ≪수수격언(水樹格言)≫ 〈18세기 말 단백준미(旦白准美) 지음〉 ≪감단격언(甘丹格言)≫ 〈5세 달라이 저술〉 등이 그것들이었다. 목적은 비록 설교에 있었으나 민간적인 것을 많이 흡수했고, 풍부한 참을성 있는 인간이 되도록 심미적 철학이 또한 많이 흡수되어 있어서 독특한 풍격을 지니고 있다는 점이다.

세 번째 종류는 대량의 역사저술이 있다는 점이다. 티베트왕, 고승, 귀족세가(世家), 관료의 전기, 지방사, 사원사(寺院史) 등이 그것들이다. 티베트의 역사를 연구하는 중요한 자료 중에서 특히 문학적 취미를 담고 있는 것들이 풍부하였다. 예를 들면 ≪서장왕통기(西藏王統記)≫ ≪서장왕신김(西藏王臣記)≫ ≪미납일파전(米拉日巴傳)≫ ≪파라내전(頗羅鼐傳)≫ 등이 그것이다.

네 번째 종류는 불경이야기를 널리 알리기 위하여 문학을 창작한 것이었다. 예를 들면 ≪흡정왕달왜(恰鄭宛達娃)≫ ≪운승왕자전(云乘往者傳)≫ ≪적미포등(赤美滾登)≫ 등이 그것이다. 이러한 이야기를 통해 불교를 전파하려는 것이 기본적인 관점이었다. 그러나 생활에 대한 정취가 풍부하게 표현되어 있고, 문자의 사용이 아주 부드럽고 아름다우며, 민간에게서 많이 알려진 내용들이 문학적으로 표현되었다는 장점을 가지고 있다. 이러한 문학 중 가장 뛰어난 작품으로 ≪게사르왕전(格薩爾王傳)≫ 들 수 있다. 감히 서사시와 같은 작품이라고 할 수 있다. 이 책은 모두 30여 권으로 되어 있는데, 민간에 널리 알려져 옴으로써 종교적 영향이 매우 크고 깊은 책이라고 할 수 있다.

6세 달라이의 정감 있는 노래는 아주 독특하고 성취도가 높았다. 내용과 형식상에서 많은 가치를 지니고 있어, 말할 것도 없이 승려문학 중의 독특하고 뛰어난 작품이라고 할 수 있다.

장희(藏戲, 티베트의 극)는 민간의 가무에서 기원되었다. 그중에는 많은 우수한 극들이 있다. 예를 들면 ≪문성공주(文成公主)≫ ≪탁와상모(卓瓦桑姆)≫ ≪낭살고낭(郎薩姑娘)≫ 등이 그것이다. 그러나 극본, 격조(格調)의 표현, 복장 등 도구와 축복을 예찬하는 것 등의 의식으로부터 본다면 종교적 영향이 또한 매우 크다는 것을 알 수 있다.

각지 사원에는 수많은 관중들이 조각한 것과 회화들이 많이 있다. 내용은 대다수가 부처, 보살, 고승을 조상한 것으로, 부처는 이야기를 통해 그 모습이 변해 가면서 그려졌고, 종교교의에 대해 그림으로 해석한 것들이 많다. 또한 역사적인 풍속화 종류의 것들도 있다. 예를 들면, 대소사(大昭寺) 내의 문성공주가 티베트에 오는 장면을 그린 벽화, 포타라궁 내에서 5세 달라이가 순치황제를 알현하는 내용의 벽화, 일객칙덕경파장(日喀則德慶頗章) 안의 파스파(八思巴)가 원나라 황제 쿠빌라이를 회견하는 벽화 등이 그것이다. 이러한 것들은 모두가 역사적 가치를 가지고 있는 벽화들이다. 이러한 회화와 조각들은 형식적인 면에서 말한다면 모두가 농후한 민족적 특징을 가지고 있다고 할 수 있다. 많은 작품들은 이 불경이 규정한 조상물의 통일적 요소가 있고, 티베트족 장인 개인의 정감과 예술의 풍격을 주입한 것들이 많은데, 주로 현실생활과 인간의 정취가 일반적으로 화면에 많이 들어가 있다고 할 수 있다. 예를 들면 포타라궁의 송첸감뽀의 상은 사람들에게 영웅 무인의 호걸스러운 매서운 감이 있고, 문성공주의 상은 엄숙하면서도 아름답고 단정한 귀부인의 형상을 잘 보여주고 있다.

티베트의 의학, 천문, 역산 등도 종교에 의해 통제되었기에 종교의 엄밀한 약속을 받았다. 티베트의학의 한 중요한 특징은 무속의학, 과학, 미신이 서로 복잡하게 섞여 있다는 점이다. 그러나 또한 일반적으로 이러한 것을 부정할 수만은 없다. 거기에는 여전히 많은 의료를 실천하는 가운데 얻은 경험을 총체적으로 결합하여 나타내고 있는 것들이 많기 때문이다. 의학서의 근본이라고 할 수 있는 ≪의학사론(意學四論)≫은 8세기에 나온 책으로 티베트족의 명의인 우타(宇妥)·운단공포(云旦貢布)가 여러 사실을 모아서 편집해 엮어놓은 책이다. 책 속에는 인체의 생리에 대한 병리, 병증, 치료, 약의 처방 등을 분류하여 정확한 분석에 의해 서술하고 있다. 1840년 제마(帝馬)·단증팽조(旦增彭措)가 쓴 ≪창주본초(晶珠本草)≫라는 것이 있는데, 여기에는 티베트의 약을 집대성 해놓았다. 수집한 티베트의 의약은 2,294종으로 아주 가치 있는 약물학 저술이라고 하겠다.

천문 역산은 티베트에서 아주 오래된 역사를 가지고 있다. 장력(藏曆, 티베트력)은 티베트 고원의 노동인민들이 자연과 투쟁하는 가운데 실천 경험한 것을 종합적으로 모아놓은 것이다. 그러나 오랜 기간 종교의 수중에 장악되어 있었고, 미신의 점성술 등이 가미 되어 있어서 많은 신비한 색채를 띠고 있다. 장력의 저작도 아주 많이 있다. 감남지구(甘南地區)의 납복능사(納卜楞寺)의 장서목록 중에는 500여 종이 있는데, 이는 아주 귀중한 문화적 보배라고 할 수 있다.

종교는 티베트 교육사업의 발전을 질식시켰다. 과거에는 사원 외에서 문학을 학습할 수 있는 곳은 아주 적었다. 라마, 귀족자제 외에 지식인은 아주 적었다. 라마사원은 완전히 문화 교육 사업을 농단했다. 사회교육은 종교교육 장소로 대체되었다. 사람들이 글자를 알고 싶을 경우에는 절에 들어가 승려가 되어야 했다. 그러나 절에 들어간 승려도 반드시 유용한 학습지식을 배운다고는 할 수 없었다. 무릇 종교교의에 저촉되는 자연과학과 사회과학지식은 모든 사원들이 모두 배척했기 때문이었다. 이는 근본적으로 티베트 문화교육 사업의 발전을 제한

시켰다. 그래서 티베트 90%이상의 군중들이 문맹의 늪에 빠지게 되었고, 현대 과학문화지식을 추구하는 티베트의 대문으로 들어오기가 매우 어려웠다.

티베트 불교는 일종의 의식형태가 되어 사람들의 정신세계에 흡수되어 들어갔다. 그리하여 사회의 도덕, 풍상(風尙), 습속 등에 엄청난 영향을 주었다.

종교는 군중 속에 전파되어야 했으므로 최대한 간단한 방식이 채용되었고, 군중들의 의식주 등 일상 활동 속에서 진행되었다. 이는 바로 종교 미신을 극히 쉽게 민간에게 보급되게 하였다. 사람들의 일거수일투족은 아침에 침상에서 일어나면서부터 저녁에 잠이 들 때까지 모두가 일정한 종교의식에 따라서 진행되었다. 많은 군중들이 경통(經筒)을 돌리는 것을 쉬지 않고 하게 되었고, 6자의 진언을 외우느라 입을 놀리지 않는 시간이 없게 되었으니 이러한 모든 것들이 이미 생활습관화되어버렸던 것이다. 종교가 군중을 마취시키고 해를 준 정도는 사람들이 이해하지 못할 정도였다.

다른 한편 종교교의를 근거로 해서 사회상에 하나의 인생관, 사회관, 도덕규범을 형성시켰다. 사람들의 사상 행동의 준칙과 사회적 기풍의 구성은 성문화 되지 않은 법률로 규범화 되어버렸다. 이러한 정신을 잠가버린 틀과 같은 사회적 상황은 군중이 자연의 개조와 사회의 개조를 위해 투쟁하면서 확대해 가는 것은 엄중히 방해하였다.

종교는 일종의 정신역량으로써 사원과 종교의 영수가 티베트사회에서 통치능력을 갖게 하는데만 작용했고, 이것이 티베트의 경제, 정치, 문화, 사회생활 등 각 영역에 침투되어 들어가 그 영향이 얼마나 넓고 컸는지에 대해서는 감히 계량할 수 없을 정도였다. 티베트사회주의 사업의 발전에 따라 오늘날 그들이 통치적 지위는 점하지 못하고 있지만, 그러나 그 영향은 여러 방면에서 여전히 계속 존재하고 있다. 특히 사상 상에서 군중에 대한 피해는 그렇게 쉽게 소실되지 않고 있다. 그들은 오늘날에도 여전히 사회주의 혁명과 건설을 진행하는데 심각한 장애가 되고 있기 때문이다. 종교가 티베트사회에 남겨놓고 있는 종교문제를 정확히 해결하기 위해서는 아직도 많은 일들을 해야만 한다.

그러나 우리들은 당이 영도력을 강화하고, 좋은 종교정책을 잘 추진해 나간다면 티베트의 종교문제는 정확히 처리될 수 있을 것이라고 믿어 의심치 않는다. 이를 위해서 먼저 티베트군중과 종교계의 애국인사들을 믿고 교육시키는 일을 확대시켜 나가야 할 것이다. 그리고 조국의 사회주의 사업에 적극적으로 투신하여 단결, 부유, 문명을 건설하면서 신 티베트를 만들어 낼 수 있도록 새로운 공헌을 해야 할 것이다.

부록 1　티베트의 고대 첸뽀(赞普) 세계(世系)

〈天尺七王〉

- 聂赤赞普
- 木赤赞普
- 定赤赞普
- 索赤赞普
- 美赤赞普
- 打赤赞普
- 思赤赞普

〈上丁二王〉

- 止贡赞普
- 布带公杰

〈中累六王〉

- 埃肖累
- 提肖累
- 梯肖累
- 贡如累
- 仲协累
- 爱肖累

〈地德八王〉

- 薩南森德
- 德真南雄贊
- 色坌纳德
- 色坌布德
- 德坌朗
- 德坌布
- 德吉布
- 德真贊

〈下贊三王〉

- 赤贊朗
- 赤扎邦贊
- 赤带脱贊

拉脱脱日年贊

赤年松贊

仲年德如

达日年色

朗日松贊

松贊干布의 父親

부록 2. 토번(吐蕃)왕조의 첸뽀(贊普) 세계(世系)

왕	재위	시기
松赞干布	(617?-650년 재위)	
(孙)		
芒松芒赞	(650-676년 재위)	
(子)		
赤杜松芒波杰	(676-704년 재위)	
(子)		
赤德祖赞	(704-755년 재위)	
(子)		
赤松德赞	(755-797년 재위)	불교 전기발전기
牟尼赞普	(797-798년 재위)	
(弟)		
赤德松赞	(798-815년 재위)	
(子)		
赤祖德赞	(815-836년 재위)	
(热巴巾)		
(弟)		
朗达玛	(836-842년 재위)	멸법(灭法) 시기
(吾都赞普)		

부록 3 후기발전기의 불교계파

- 宁玛派(红教)
- 萨迦派(花教)
- 噶玛派(白教) — 香巴噶举
  - 达波噶举 —— 噶玛噶举
    - 蔡巴噶举
    - 拔戎噶举
    - 帕竹噶举 —— 止贡巴
      - 达垅巴
      - 主　巴
      - 雅桑巴
      - 卓浦巴
      - 修色巴
      - 耶　巴
      - 玛仓巴
- 噶丹派
- 格鲁派(黄教)
- 希解派
- 觉鲁派
- 觉囊派
- 夏鲁派

부록 4 薩迦寺 역대 주지

贡却杰波(1034-1102년), 1073년 萨迦寺를 건립.

衮噶宁布(1092-1158년), 1111-1158년 주지에 임명됨.

索南孜摩(1142-1182년), 1158-1172년 주지에 임명됨.

扎巴坚赞(1147-1216년), 1172-1216년 주지에 임명됨.

萨班贡噶坚赞(1182-1251년), 1216-1251년 주지에 임명됨.

八思巴(1235-1280년), 1252-1279년 주지에 임명됨.

达磨波罗(1268-1287년), 1280-1286년 주지에 임명됨.

霞巴绛央仁 钦坚赞(1287-1304) 대리로 섭정함.

达钦桑波贝(1262-1322년), 1304-1322년 주지에 임명됨.

이후 1323-1325 3년간 주지가 공석이 됨.

南噶雷必坚赞, 1325-1343년 주지에 임명됨.

喇嘛当巴索南坚赞(1312-1375년), 1344-1346년 주지에 임명됨.

达文罗卓坚赞(1332-1364), 1347-1349주지에 임명됨.

1354년 萨迦派가 卫藏地区에서 统治地位를 잃음

부록 5 몽고 역대 칸의 스승

一´ 八思巴(1235-1280년),

1260-1276년 元 世祖 忽必烈 칸의 스승으로 임명됨°

二´ 亦怜真(仁钦坚赞, 八思巴异母弟(1238-1279년),

1276-1279년 元 世祖 忽必烈 칸의 스승으로 임명됨

三´ 答儿麻巴剌乞列(达磨波罗1268-1287년八思巴와 같은 모친에서 낳은 동생 恰那의 아들)

1279-1286년 元 世祖 쿠빌라이(忽必烈) 칸의 스승으로 임명됨°

四´ 亦摄思连真(益西仁钦, 1248-1294년, 八思巴弟子)

1286-1294년 쿠빌라이(忽必烈) 칸의 스승으로 임명됨°

五´ 乞剌思巴匇节儿(扎巴维色, 1246-1303년, 八思巴의 시종, 그를 대신해 불공드림)

1294-1303년 成帝 完泽笃 칸의 스승으로 임명됨°

六´ 真坚赞(仁钦坚赞, 1257-1305년, 萨迦派喇嘛)

1303-1305년 成帝 完泽笃 칸의 스승으로 임명됨°

七´ 相儿加思(桑杰贝, 1267-1314년, 第五任帝师的侄, 萨迦寺堪布)

1305-1314년 成宗 完泽笃´ 武宗 曲律´ 仁宗 普颜笃 세 왕조 칸의 스승으로 임명됨°

八´ 公哥罗古罗思监藏班藏卜(衮噶罗追坚赞贝桑波, 1299-1327년, 八思巴侄孙),

1315-1327년? 仁宗普颜笃´ 英宗格坚´ 泰定 세 왕조 칸의 스승으로 임명됨

九´ 旺出儿监藏(旺秋坚赞)， 泰定 칸의 스승으로 임명됨(?)°

十´ 公哥列思八冲纳思监藏班藏卜(衮噶雷必君乃坚赞贝桑波1308-1341년， 八思巴의 조카 손자)

1325부터 泰定 칸의 스승으로 임명됨°

十一´ 辇真吃剌失思，(仁钦噶希)

1329년 칸의 스승으로 임명됨°

十二´ 公哥儿监藏班藏卜(衮噶坚赞贝桑波 1358년， 八思巴侄孙)，

1333--1358년 顺帝 妥欢帖木尔 칸의 스승으로 임명됨°

十三´ 喇钦 · 索南罗追(1332-1362년， 八思巴의 조카 증손자)，

1358-1362년 顺帝 妥欢帖木尔 칸의 스승으로 임명됨°

十四´ 喃加巴藏卜

1362년 이후 摄帝의 스승으로 임명됨° 명 왕조 이후 炽盛佛宝国师에 책봉됨°

부록 6 噶丹教典派 传承 略表

阿底峡

仲 敦

博多哇

夏尔哇巴

董敦, 建纳尔塘寺 ┬ 甲怯喀瓦
└ 建怯喀寺

纳尔塘巴 ┬ 赛基布巴
├ 建基布寺
└ 拉隆给旺秋

向敦多吉沃

卓摩且哇　　　拉卓微衮波

向敦却吉喇嘛　　拉扎喀哇

(이하 纳尔塘寺 주지 传承, 생략)　拉素康巴

拉罗追沃

(이하 怯喀寺´ 基布寺 주지 전승, 생략)

부록 7 噶丹教授派 传承 略表

阿底峡

仲 敦

京俄哇

甲域哇钦波(甲域寺를 건립)

冲协仁波且	藏巴仁波且
建岗岗寺	
交敦仁波且	仁波且朗垅巴
冲协觉赛	桑结贡巴
(이하 岗岗寺 주지 传承, 생략)	(이하 甲域寺 주지 传承, 생략)

부록 8 帕竹噶举 지방정권 第悉派 표

大司徒绛曲坚赞(1302 - 1364년)

释迦坚赞(1340 - 1373년)

扎巴绛曲(1356 - 1386년)

索南扎巴(1359 - 1408년)

阐化王扎巴坚赞(1374 - 1432년)

扎巴君乃(1414 - 1448년)

桑结坚赞(? - ?)

衮噶雷巴(? - 1457년)

仁青多吉(? - 1513년)

(하면은 생략)

(帕竹 地方政权은 1481년에 仁蚌巴에게 패하여, 1618년 완전히 권세를 상실함)

부록 9 噶玛噶举의 주요 양대 活佛의 世系

역대 黑帽活佛

第一世 都松钦巴(1110–1193년)

第二世 噶玛拔希(1204–1283년)

第三世 襄君多吉(1284–1339년)

第四世 乳必多吉(1340–1383년)

第五世 得银协巴(1384–1415년)

第六世 通哇顿丹(1416–1453년)

第七世 却札加措(1454–1506년)

第八世 弥觉多吉(1507–1554년)

第九世 旺曲多吉(1556–1603년)

第十世 却英多吉(1604–1674년)

第十一世 益西多吉(1676–1702년)

第十二世 绛曲多吉(1703–1732년)

第十三世 堆督多吉(1733–1797년)

第十四世 台乔多吉(1798–1845년?)

第十五世 喀恰多吉(1846?–1923년)

第十六世 日贝多吉(1924–1959년 인도로 감)

역대 红帽活佛

第一世　札巴僧格(1283-1349년)

第二世　喀觉旺波(1350-1405년)

第三世　却贝耶歇(1406-1452년)

第四世　却札耶歇(1453-1524년)

第五世　衮乔演拉(1525-1583년)

第六世　却吉旺秋(1584-1635년)

第七世　耶歇宁波(1639?-1694년?)

第八世　却吉敦朱(?)

第九世　却吉尼玛(?)

第十世　却朱加措(?-1791년)

(却朱加措는 六世 班禅 인 贝丹益西와 모친은 같으나 부친이 다른 형임. 그는 廓尔喀军과 연계하여 두 차례나 티베트를 침입하였다. 1790년 乾隆제가 福康安을 파견하여 티베트에 들어가게 하여 廓尔喀을 패퇴시켰다. 却朱加措는 죄에 대해 물어질 것을 두려워하여 자살했다. 乾隆제는 명을 내려 나라에 대해 반란을 일으킨 것에 대해 토론케 하고 그의 뼈를 나눠서 각 사원에 걸어놓아 군중에게 보이게 했다. 그리고 그의 사원인 羊八井寺의 재산을 몰수하고, 더불어서 红帽의 活佛转世를 불허한다는 조칙을 내렸다.)

부록 10 티베트 三大寺의 조직표

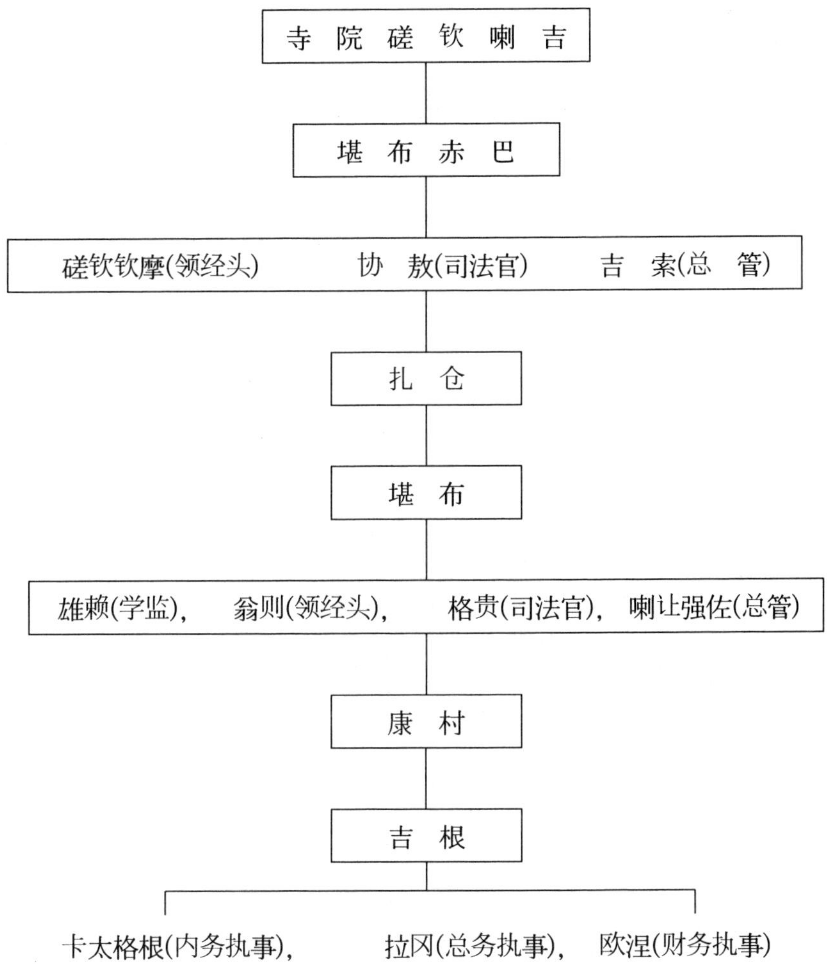

부록 11 판첸(班禪)의 政教组织

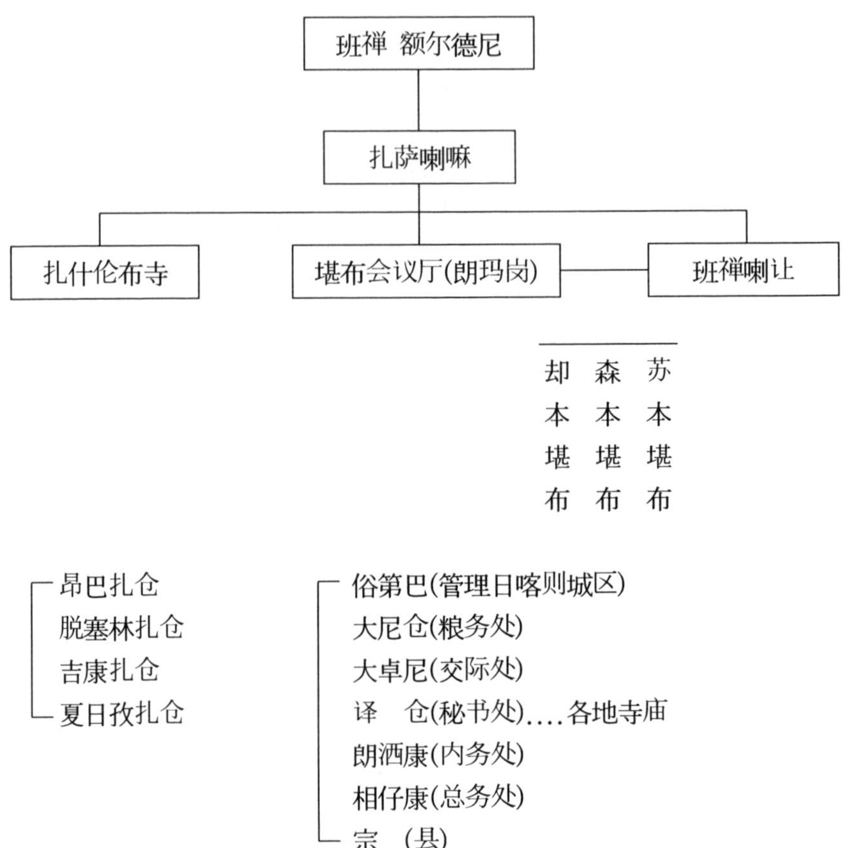